COLLECTION

FOLIO/ESSAIS

Degas, *Autoportrait*, 1856.

Paul Valéry
de l'Académie française

Degas Danse Dessin

Gallimard

Dans la même collection

REGARDS SUR LE MONDE ACTUEL
et autres essais, *n° 106.*

MON FAUST, *n° 114.*

INTRODUCTION À LA MÉTHODE
DE LÉONARD DE VINCI, *n° 195.*

TEL QUEL, *n° 292.*

Paul Valéry (1871-1945) s'est obstinément interrogé dès sa jeunesse sur la nature de la pensée, son fonctionnement, ses limites, cherchant dans les figures de Léonard de Vinci et de Monsieur Teste la formule d'une méthode universelle, consignant ses réflexions dans ses *Cahiers* (plus de 26 000 pages manuscrites), ses nombreux essais sur les sujets les plus divers et ses recueils de notes. Sa poésie est une illustration et une célébration de ce travail, une « fête de l'intellect », dit-il, où le frémissement des sensations vivifie l'abstraction par la magie d'une poétique parfaitement maîtrisée.

À LA COMTESSE DE BEHAGUE

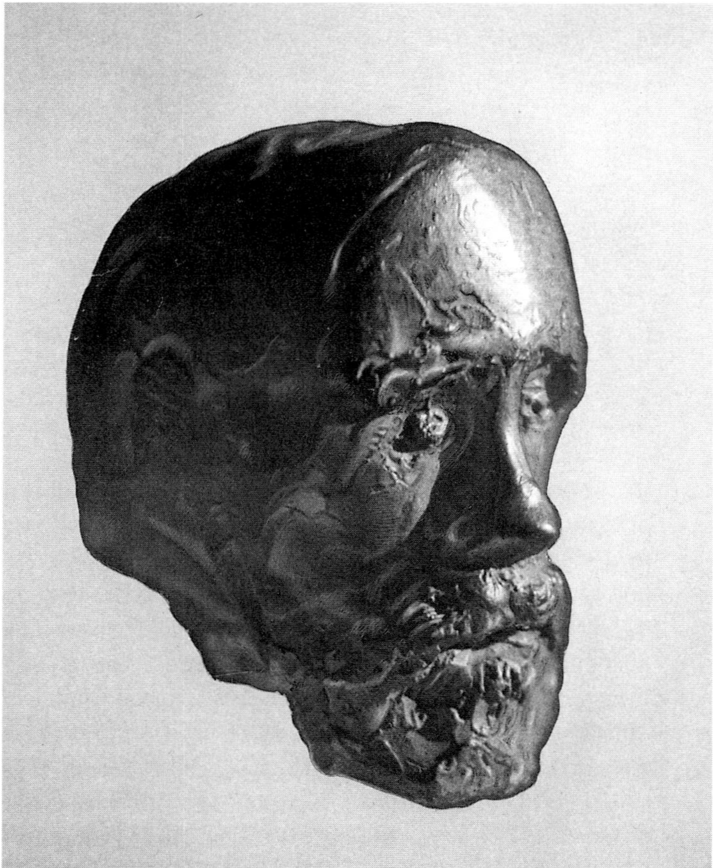

1. Paul Valéry, *Portrait de Degas*, 1910.

Degas

Comme il arrive qu'un lecteur à demi abstrait crayonne aux marges d'un ouvrage et produise, au gré de l'absence et de la pointe, de petits êtres ou de vagues ramures, en regard des masses lisibles, ainsi ferai-je, selon le caprice de l'esprit, aux environs de ces quelques études d'Edgar Degas.

J'accompagnerai ces images d'un peu de texte que l'on puisse ne pas lire, ou ne pas lire d'un trait, et qui n'ait avec ces dessins que les plus lâches liaisons et les rapports les moins étroits.

Ceci ne sera donc qu'une manière de monologue, où reviendront comme ils voudront mes souvenirs et les diverses idées que je me suis faites d'un personnage singulier, grand et sévère artiste, essentiellement volontaire, d'intelligence rare, vive, fine, inquiète ; qui cachait sous l'absolu des opinions et la rigueur des jugements, je ne sais quel doute de soi-même et quel désespoir de se satisfaire, sentiments très amers et très nobles que développaient en lui sa connaissance exquise des maîtres, sa convoitise des secrets qu'il leur prêtait, la présence perpétuelle à son esprit de leurs perfections contradictoires. Il ne voyait dans l'art que problèmes d'une certaine mathématique plus subtile que l'autre, que nul n'a su rendre explicite, et dont fort peu de gens peuvent soupçonner l'existence. Il parlait volontiers d'*art savant* ; il

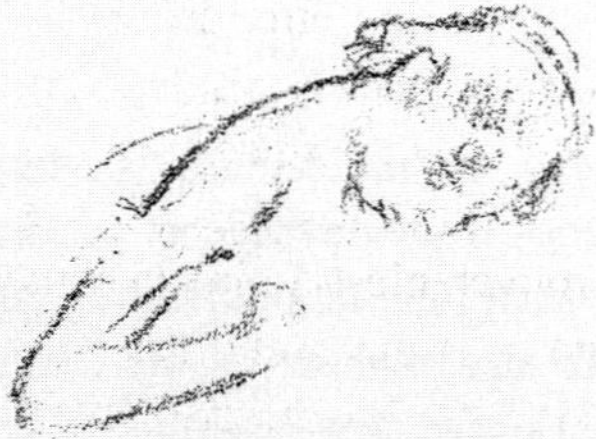

Comme il arrive qu'un lecteur à demi-distrait crayonne aux marges d'un ouvrage, et produise, au gré de l'absence et de la pointe, de petits êtres ou de vagues ramures en regard des masses lisibles, ainsi ferai-je, selon le caprice de l'esprit, aux environs de ces quelques études d'Edgar DEGAS.

J'accompagnerai ces images d'un peu de texte que l'on puisse ne pas lire, ou ne pas lire d'un trait; et qui n'ait avec les dessins que les plus lâches liaisons et les rapports les moins étroits.

Ceci ne sera donc qu'une manière de monologue, où reviendront comme ils viendront, mes souvenirs et

I

2. Degas, *Étude*.
Illustration pour *Degas Danse Dessin*, de Paul Valéry.
Page 1 de l'édition d'Ambroise Vollard, 1934.

disait qu'un tableau est le résultat d'une *série d'opérations*... Cependant qu'au regard naïf, les œuvres semblent naître de l'heureuse rencontre d'un sujet et d'un talent, un artiste de cette espèce profonde, plus profond peut-être qu'il n'est sage de l'être, diffère la jouissance, crée la difficulté, craint les plus courts chemins.

Degas refusait la *facilité* comme il refusait tout ce qui n'était point l'unique objet de ses pensées. Il ne savait souhaiter que de s'approuver, c'est-à-dire de contenter le plus difficile, le plus dur et incorruptible des juges. Personne n'a plus positivement que lui méprisé les honneurs, les avantages, la fortune, et cette gloire que l'écrivain peut dispenser si aisément à l'artiste avec une généreuse légèreté. Il se moquait âprement de ceux qui placent à la discrétion de l'opinion, des pouvoirs constitués, ou des intérêts du commerce, le destin de leur œuvre. Comme le vrai croyant n'a affaire qu'à Dieu, au regard duquel il n'est de subterfuges, d'escamotages, de combinaisons, de collusions, d'attitudes ni d'apparences qui comptent, ainsi demeura-t-il intact et invariable, uniquement soumis à l'idée absolue qu'il avait de son art. Il ne voulait point d'autre chose que ce qu'il trouvait de plus ardu à obtenir de soi-même.

Je reviendrai sur tout ceci, sans doute... Après tout, je ne sais trop ce que je dirai tout à l'heure. Il est possible que je m'égare un peu, à propos de *Degas*, vers la *Danse*, et vers le *Dessin*. Il ne s'agit point de biographie dans les règles ; je ne pense pas trop de bien des biographies, ce qui prouve seulement que je ne suis pas fait pour en faire. Après tout, la vie de quelqu'un n'est qu'une suite de hasards, et de *réponses* plus ou moins exactes à ces événements quelconques...

D'ailleurs, ce qui m'importe dans un homme, ce ne sont point les *accidents*, et ni sa naissance, ni ses amours, ni ses misères, ni presque rien de ce qui est observable, ne peut me servir. Je n'y trouve pas la moindre clarté *réelle* sur ce qui lui donne son prix et le distingue profondément de tout autre et de moi. Je ne dis pas que je ne sois assez souvent curieux de ces détails qui ne nous apprennent rien de solide ; *ce qui m'intéresse n'est pas toujours ce qui m'importe*, et tout le monde en est là. Mais il faut prendre garde à l'*amusant.*

Bien des traits de Degas que je rapporte ici ne sont point de mon souvenir. Je les dois à Ernest Rouart, qui depuis l'enfance l'a familièrement connu, a grandi dans l'admiration et la crainte révérencielle de ce maître fantasque, a été nourri de ses aporismes et de ses préceptes, et a exécuté sur ses injonctions impérieuses diverses expériences de peinture ou de gravure dont je donnerai textuellement le récit plein d'humour et de précision qu'il m'a fait l'amitié de rédiger pour moi.

Enfin, point d'esthétique ; point de *critique*, ou le moins du monde.

Degas, tendre pour peu de choses, ne s'adoucissait guère à l'égard de la critique et des *théories.* Il disait, volontiers, — et sur le tard le rabâchait, — que les Muses jamais ne discutent entre elles. Elles travaillent tout le jour, bien séparées. Le soir venu et la tâche accomplie, s'étant retrouvées, elles dansent : *elles ne parlent pas.*

Il était cependant grand disputeur lui-même et raisonneur terrible, particulièrement excitable par la politique et par le dessin. Il ne cédait jamais, arrivait promptement aux éclats de la voix, jetait les mots les

3. Degas, *Henri Rouart au chapeau haut de forme*, 1875.

plus durs, rompait net. Alceste, près de lui, eût fait figure d'homme faible et facile. Mais, à cause du sang napolitain qui était en lui et le faisait si tôt monter au ton le plus aigu, on pouvait douter quelquefois s'il n'aimait pas d'être intraitable et connu généralement pour tel.

Il avait aussi des heures charmantes.

J'ai connu Degas chez Monsieur Henri Rouart, vers quatre-vingt-treize ou quatre-vingt-quatorze, introduit dans la maison par l'un de ses fils, et bientôt l'ami des trois autres.

4. L'hôtel de la rue de Lisbonne. Henri Rouart au chevalet, vers 1900.

5. L'hôtel de la rue de Lisbonne, vers 1900.

Cet hôtel de la rue de Lisbonne n'était, depuis le seuil jusqu'à la chambre la plus haute, que peintures exquisement choisies. Le concierge lui-même, gagné à la passion de l'art, avait couvert les murs de sa loge de toiles parfois bonnes qu'il achetait à la salle des ventes où il fréquentait aussi studieusement que d'autres serviteurs font le champ de courses. Quand il avait eu la main très heureuse, son maître lui rachetait le tableau, qui passait promptement de la loge aux salons.

J'admirais, je vénérais en Monsieur Rouart la plénitude d'une carrière dans laquelle presque toutes les vertus du caractère et de l'esprit se trouvaient composées. Ni l'ambition, ni l'envie, ni la soif de paraître ne l'ont tourmenté. Il n'aimait que les vraies valeurs qu'il pouvait apprécier dans plus d'un domaine. Le même homme qui fut des premiers amateurs de son temps, qui goûta, qui acquit prématurément les ouvrages des Millet, des Corot, des Daumier, des Manet, — et du Greco —, devait sa fortune à ses constructions de mécanique, à ses inventions qu'il menait de la théorie pure à la technique et de la technique à l'état industriel. La reconnaissance et l'affection que je garde à Monsieur Rouart ne doivent point parler ici. Je dirai seulement que je le place parmi les hommes qui ont fait impression sur mon esprit. Ses recherches de métallurgiste, de mécanicien et de créateur de machines thermiques s'accommodaient en lui avec une ardente passion pour la peinture ; il s'y connaissait en artiste et même la pratiquait en vrai peintre. Mais sa modestie a fait que son œuvre personnelle, curieusement précise, est demeurée presque inconnue et le bien de ses seuls enfants.

6. Henri Rouart, *Portrait de Madame Rouart dans l'atelier de la rue de Lisbonne*, vers 1880.

J'aime que le même homme puisse mener différents travaux et se proposer des difficultés de plus d'une sorte. Parfois, quelque problème défiant ses souvenirs mathématiques, Monsieur Rouart recourait à des camarades d'antan qui n'avaient cessé, depuis Polytechnique, de cultiver et d'approfondir l'analyse. Il consultait Laguerre, grand géomètre, l'un des fondateurs de la théorie des imaginaires et l'inventeur d'une singulière définition de la distance. Il lui soumettait quelque équation différentielle à intégrer. Mais, s'agît-il de peinture, c'est avec Degas qu'il en discutait. Il adorait et admirait Degas.

Ils avaient été camarades de collèges, au lycée Louis-le-Grand, s'étaient perdus de vue pendant des années et retrouvés par un étonnant concours de circonstances. Degas racontait volontiers le détail de cette reconnaissance. En 1870, Paris investi, tandis que Monsieur Rouart, s'employant doublement à sa défense, commandait une batterie du corps de place, en tant qu'ancien élève de Metz, et fabriquait des canons, en tant que métallurgiste, Degas s'était fort simplement engagé dans l'infanterie. Envoyé à Vincennes pour un exercice de tir, il s'aperçut que son œil droit ne voyait pas la cible. On constata que cet œil était à peu près perdu, ce qu'il attribuait (je tiens tout ceci de sa bouche) à l'humidité d'une chambre sous les toits, où il avait longtemps couché. Fantassin inutilisable, on le *verse* dans l'artillerie. Il retrouve dans son capitaine son condisciple Henri Rouart. Ils ne se quittent plus.

Tous les vendredis, Degas, fidèle, étincelant, insupportable, anime le dîner chez Monsieur Rouart. Il répand l'esprit, la terreur, la gaieté. Il perce, il mime, il prodigue les boutades, les apologues, les maximes, les blagues, tous les traits de l'injustice la plus intelligente, du goût le plus sûr, de la passion la plus étroite, et d'ailleurs la plus lucide. Il abîme les gens de lettres, l'Institut, les faux ermites, les artistes qui *arrivent* ; cite Saint-Simon, Proudhon, Racine, et les sentences bizarres de Monsieur Ingres... Je crois l'entendre. Son hôte, qui l'adorait, l'écoutait avec une indulgence admirative, cependant que d'autres convives, jeunes gens, vieux généraux, dames muettes, jouissaient diversement des exercices d'ironie, d'esthétique ou de violence du merveilleux faiseur de *mots*.

J'observais avec intérêt le contraste de ces deux types d'homme de grande valeur. Je m'étonne parfois que la littérature ait si rarement exploité la différence des intellects, les concordances et les discordances qui apparaissent, à égalité de puissance et d'activité de l'esprit, entre les individus.

J'ai donc connu Degas à la table de Monsieur Rouart. Je m'étais fait de lui une idée que j'avais formée de quelques-unes de ses œuvres que j'avais vues, et de quelques-uns de ses *mots* que l'on colportait. Je trouve toujours un grand intérêt à comparer une chose ou un homme avec l'idée que je m'en faisais avant que je les visse. Si cette idée était précise, sa confrontation avec l'objet même peut nous enseigner quelque chose.

De telles comparaisons nous donnent une certaine mesure de notre faculté d'imaginer à partir de données incomplètes. Elles nous remontrent aussi toute la vanité des biographies en particulier, et de l'histoire en général. Il est vrai, toutefois, qu'une chose est plus instructive encore : c'est l'étonnante *inexactitude probable* de l'observation immédiate, le faux qui est l'œuvre de nos yeux. *Observer*, c'est, pour la plus grande part, imaginer ce que l'on s'attend à voir. Il y a quelques années, une personne que je connais, et qui est d'ailleurs assez connue, s'étant rendue à Berlin pour y donner une conférence, fut dépeinte par quantité de journaux qui s'accordèrent à lui trouver les yeux noirs. Elle les a fort clairs, mais elle est originaire du Midi de la France ; les journalistes le savaient, et ils virent en conséquence.

Je m'étais fait de Degas l'idée d'un personnage réduit à la rigueur d'un dur dessin, un spartiate, un stoïcien, un janséniste artiste. Une sorte de brutalité d'origine intellectuelle en était le trait essentiel. J'avais écrit peu de temps auparavant la « Soirée avec Monsieur Teste », et ce petit essai d'un portrait imaginaire, quoique fait de remarques et de relations vérifiables, aussi précises que possible, n'est pas sans avoir été plus ou moins *influencé* (comme l'on dit) par *un certain Degas que je me figurais.* La conception de divers monstres d'intelligence et de conscience de soi-même me hantait assez souvent à cette époque. Les choses vagues m'irritaient, et je m'étonnais que dans aucun ordre, personne, peut-être, ne consentît à pousser ses pensées jusqu'au bout...

Dans ma préfiguration de Degas, tout n'était pas fantastique. Comme j'aurais pu le prévoir, l'homme était plus complexe que je ne m'attendais qu'il fût.

Il se montra aimable avec moi, comme l'on est avec qui n'existe guère. Je ne valais pas un coup de foudre. Je compris cependant que les jeunes gens de lettres de ce temps-là ne lui inspiraient aucun amour : il n'aimait singulièrement pas Gide, qu'il avait rencontré sous le même toit.

Il était bien mieux disposé pour les jeunes peintres. Ce n'est pas qu'il se défendît d'abîmer sans pitié leurs toiles et leurs thèses, mais il mettait dans ces exécutions une sorte de tendresse qui se mêlait bizarrement à la férocité de son ironie. Il allait à leurs expositions ; il observait le moindre indice de talent ; l'auteur se trouvant à portée, il faisait compliment, il donnait un conseil.

Réflexion :

L'histoire des Lettres et celle des Arts sont aussi niaises que l'Histoire Générale. Cette niaiserie consiste dans une étrange absence de curiosité de la part des auteurs. On les dirait privés de la faculté de poser des questions, même les plus simples. On s'interroge peu, par exemple, sur la nature et l'importance des relations qu'entretiennent à telle époque les *jeunes* avec les *vieux*. L'admiration, l'envie, l'incompréhension, les rencontres ; les préceptes et procédés transmis, dédaignés ; les jugements réciproques ; les négations qui se répondent, les mépris, les retours... Tout ceci, qui *serait* un des plus vivants aspects de la *Comédie de l'Intellect*, vaudrait bien qu'on ne le passât point sous silence. Il n'est dit dans aucune *Histoire de la Littérature* que certains *secrets* de l'art des vers se sont transmis depuis la fin du XVIe siècle jusqu'à la fin du XIXe, et qu'il est aisé de discerner, entre les poètes de cette période, ceux qui ont suivi de ceux qui ont ignoré ces enseignements. Et quoi de plus intéressant que les opinions réciproques dont je parlais ?

Peu de temps avant sa mort, Claude Monet m'a raconté qu'ayant, au début de sa carrière, exposé quelques toiles chez un marchand de la rue Laffitte, cet homme vit un jour s'arrêter devant sa vitrine un personnage et sa compagne, tous deux d'allure digne, et bourgeoise presque à la majesté. Le monsieur, devant les Monet, ne put se tenir : il entra, il fit une scène ; il ne concevait pas que l'on pût exposer de telles horreurs. « Je l'ai bien reconnu », ajouta le marchand quand il revit Monet et lui fit ce rapport. « Qui était-ce ? » demanda Monet. « Daumier... », dit le marchand. À quelque temps de là, les mêmes œuvres étant dans la même vitrine, et Monet, cette fois, présent, un inconnu s'arrête à son tour, regarde longuement, cligne des yeux, pousse la porte et entre. « Quelle jolie peinture, dit-il, qui donc a fait cela ? » Le marchand présente l'auteur. « Ah ! monsieur, quel talent... », etc. Monet se confond en remerciements. Il veut savoir le nom de son admirateur. « Je suis Descamps », dit l'autre, avant de s'éloigner.

7. Monet jeune. Photo de Schaarwachter, 1870.

8. Daumier, photo de Nadar, vers 1860.

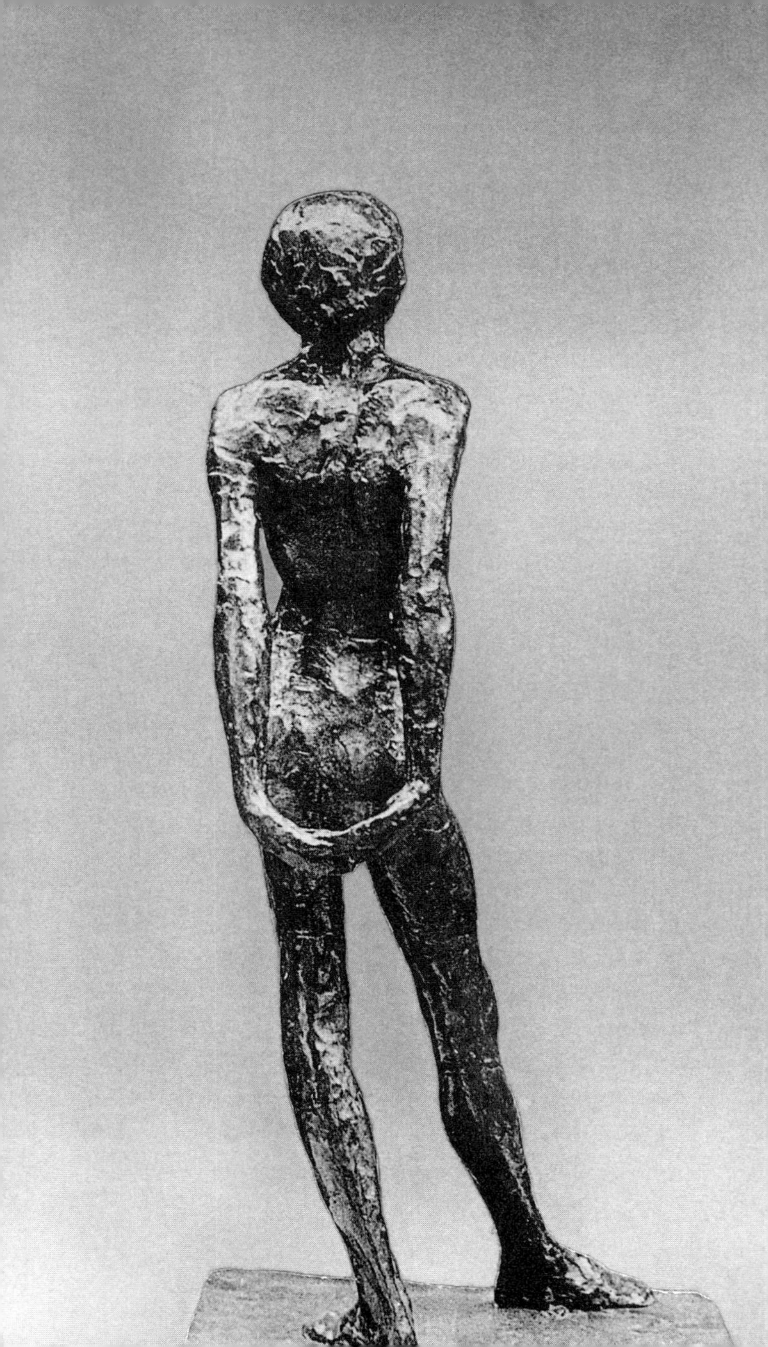

De la danse

Pourquoi ne pas parler un peu de la Danse, à propos du peintre des Danseuses ?

Je voudrais m'en faire une idée assez nette, et m'y prendrai comme je pourrai, devant tout le monde.

La Danse est un art des mouvements humains, de ceux qui peuvent être *volontaires.*

La plupart de nos mouvements volontaires ont une action extérieure pour fin : il s'agit d'atteindre un lieu ou un objet, ou de modifier quelque perception ou sensation en un point déterminé. Saint Thomas disait fort bien : « *Primum in causando, ultimum est in causato.* »

Le but rejoint, l'affaire terminée, notre mouvement qui était, en quelque sorte, *inscrit* dans la relation de notre corps avec l'objet et avec notre intention, cesse. Sa détermination contenait son extermination ; on ne pouvait ni le concevoir, ni l'exécuter, sans la présence et le concours de l'idée d'un événement qui en fût le terme.

Ce genre de mouvements s'effectue toujours selon une loi d'économie de forces, qui peut être compliquée de diverses conditions, mais qui ne peut pas ne pas régir notre dépense. On ne peut même imaginer d'action extérieure *finie*, qu'un certain minimum ne s'impose à l'esprit. Si je pense à me rendre de l'Étoile au Musée, je ne penserai jamais que je puis *aussi* accomplir mon dessein en passant par le Panthéon.

◄ 9. Degas, *Étude de nu pour la danseuse au tutu*, 1880.

Mais il est d'autres mouvements dont aucun objet localisé n'excite, ni ne détermine, ni puisse causer et conclure l'évolution. Pas de *chose* qui, rejointe, amène la résolution de ces actes. Ils ne cessent que par quelque intervention étrangère à leur cause, à leur figure, à leur espèce ; et au lieu d'être assujettis à des conditions d'économie, il semble, au contraire, qu'ils aient la dissipation même pour objet.

Les bonds, par exemple, et les gambades d'un enfant, ou d'un chien, la *marche pour la marche*, la *nage pour la nage*, sont des activités qui n'ont pour fin que de modifier notre sentiment d'énergie, de créer un certain état de ce sentiment.

Les actes de cette classe peuvent et doivent se multiplier, jusqu'à ce qu'une circontance tout autre qu'une modification extérieure, qu'ils auraient produite, intervienne. Cette circonstance sera *quelconque* par rapport à eux : *fatigue*, par exemple, ou *convention.*

Ces mouvements, qui ont en eux-mêmes leur fin, et pour fin de créer un *état*, naissent du besoin d'être accomplis ou d'une occasion qui les excite, mais ces impulsions ne leur assignent aucune direction dans l'espace. Ils peuvent être désordonnés. L'animal, las de l'immobilité imposée, s'évade, s'ébroue, fuyant une sensation et non une chose ; *il se répand* en galop et en déportements. Un homme, en qui la joie, ou la colère, ou l'inquiétude de l'âme, ou la brusque effervescence des idées, dégage une énergie qu'aucun acte précis ne peut absorber et puisse tarir dans sa cause, se lève, part, marche à grands pas pressés, obéit, dans l'espace qu'il

10. Degas, *Danseuse*.

11. Degas, *La révérence*.

parcourt sans le voir, à l'aiguillon de cette puissance surabondante...

Mais il existe une forme remarquable de cette dépense de nos forces : elle consiste à ordonner ou à organiser nos mouvements de dissipation.

Nous avons dit que, dans ce genre de mouvements, l'Espace n'était que le lieu des actes : *il ne contient pas leur objet.* C'est le Temps, à présent, qui joue le grand rôle...

Ce Temps-là est le temps organique tel qu'il se retrouve dans le régime de toutes les fonctions alternatives fondamentales de la vie. Chacune d'elles s'effectue par un cycle d'actes musculaires qui se reproduit, comme si la conclusion ou l'achèvement de chacun d'eux engendrait l'impulsion du suivant. Sur ce modèle, nos membres peuvent exécuter une suite de *figures* qui s'enchaînent les unes aux autres, et dont la fréquence produit une sorte d'ivresse qui va de la langueur au délire, d'une sorte d'abandon hypnotique à une sorte de fureur. L'état de *danse* est créé. Une analyse plus subtile y verrait sans doute un phénomène neuro-musculaire analogue à la *résonance*, qui tient en physique une place si importante ; mais je ne sache pas que cette analyse ait été faite...

L'Univers de la Danse et l'Univers de la Musique ont des relations intimes senties de tous, mais dont personne n'a saisi jusqu'ici le mécanisme, ni montré la *nécessité.*

Rien n'est plus mystérieux que cette perception si simple à énoncer : *l'égalité de durée*, ou d'intervalles de *temps.* Comment pouvons-nous estimer que des bruits se succèdent à intervalles *égaux*, frapper des coups également distants ? Et que signifie même cette *égalité* affirmée par notre sens ?

Or, la Danse engendre toute une plastique : le plaisir de danser dégage autour de soi le plaisir de voir danser.

Des mêmes membres composant, décomposant et recomposant leurs figures, ou de mouvements se répondant à intervalles égaux ou harmoniques, se forme un *ornement de la durée*, comme de la répétition de motifs dans l'espace, ou bien de leurs symétries, se forme *l'ornement de l'étendue.*

Ces deux modes, parfois, se changent l'un dans l'autre. On voit, dans les ballets, des instants d'immobilisation de l'ensemble, pendant lesquels le groupement des exécutants propose aux regards une décoration fixée, mais non durable, un système de corps vivants arrêtés net dans leurs attitudes et qui donne une image singulière d'instabilité. Les sujets sont comme saisis dans des poses fort éloignées de celles dans lesquelles la mécanique et les forces humaines permettent de se maintenir... de songer à autre chose.

Il en résulte cette merveilleuse impression : que dans l'Univers de la Danse, le repos n'a pas de place ; l'immobilité est chose contrainte et forcée, état de passage et presque de violence, cependant que les bonds, les pas comptés, les pointes, l'entrechat ou les rotations vertigineuses, sont des manières toutes naturelles d'être et de faire. Mais dans l'Univers ordinaire et commun, les actes ne sont que transitions, et toute l'énergie que nous y mettons quelquefois ne s'emploie qu'à épuiser quelque tâche, sans reprise et sans régénération d'elle-même, par le ressort d'un corps *surexcité.*

Ainsi ce qui est *probable* dans l'un des ces Univers est dans l'autre un *hasard* des plus rares.

Ces remarques sont assez fertiles en analogies.

Un état qui ne peut se prolonger, qui nous met *hors* ou *loin* de nous-mêmes, et dans lequel *l'instable* pourtant nous soutient, tandis que le *stable* n'y figure que par accident, nous donne l'idée d'une autre existence toute capable des moments les plus rares de la nôtre, toute composée des *valeurs-limites* de nos facultés. Je songe à ce qu'on nomme vulgairement : *inspiration*...

Quoi de plus improbable qu'un discours qui séduise, émerveille l'esprit à chaque admission des images et des idées qu'il éveille, cependant que la suite des signes sonores et des articulations qui le produisent à l'ouïe, s'impose, impose, supporte et prolonge la valeur émotive du Langage ?

Mallarmé dit que la danseuse n'est pas une femme qui danse, car ce n'est point une femme, et elle ne danse pas.

Cette remarque profonde n'est pas seulement profonde : elle est vraie ; et elle n'est pas seulement vraie, c'est-à-dire se fortifiant toujours plus à la réflexion, mais encore est elle vérifiable, et je l'ai vue vérifiée.

La plus libre, la plus souple, la plus voluptueuse des danses possibles m'apparut sur un écran où l'on montrait de grandes Méduses : ce n'étaient point des femmes et elles ne dansaient pas.

Point des femmes, mais des êtres d'une substance incomparable, translucide et sensible, chairs de verre follement irritables, dômes de soie flottante, couronnes hyalines, longues lanières vives toutes courues d'ondes

12. Grande méduse.

rapides, franges et fronces qu'elles plissent, déplissent ; cependant qu'elles se retournent, se déforment, s'envolent, aussi fluides que le fluide massif qui les presse, les épouse, les soutient de toutes parts, leur fait place à la moindre inflexion et les remplace dans leur forme. Là, dans la plénitude incompressible de l'eau qui semble ne leur opposer aucune résistance, ces créatures disposent de l'idéal de la mobilité, y détendent, y ramassent leur rayonnante symétrie. Point de sol, point de solides pour ces danseuses absolues ; point de planches ; mais un milieu où l'on s'appuie par tous les points qui cèdent vers où l'on veut. Point de solides, non plus, dans leur corps de cristal élastique, point d'os, point d'articulations, de liaisons invariables, de segments que l'on puisse compter...

Jamais danseuse humaine, femme échauffée, ivre de mouvement, du poison de ses forces excédées, de la présence ardente de regards chargés de désir, n'exprima l'offrande impérieuse du sexe, l'appel mimique du besoin de prostitution, comme cette grande Méduse, qui, par saccades ondulatoires de son flot de jupes festonnées, qu'elle trousse et retrousse avec une étrange et impudique insistance, se transforme en songe d'Éros ; et

13. Degas, *Danseuse regardant la plante de son pied droit.* ▸

tout à coup, rejetant tous ses falbalas vibratiles, ses robes de lèvres découpées, se renverse et s'expose, furieusement ouverte.

Mais aussitôt elle se reprend, frémit et se propage dans son espace, et monte en montgolfière à la région lumineuse interdite où règnent l'astre et l'air mortel.

14. Degas, *Danseuse*. Grande arabesque : troisième temps.

15. Degas, *Danseuse*. Position de quatrième sur la jambe gauche, 1886.

16. Degas dans son atelier, 37, rue Victor-Massé.
Photo prise par lui-même, 1912.

37, rue Victor-Massé

Degas plaisait et déplaisait. Il avait et affectait le plus mauvais caractère du monde, avec des jours charmants qu'on ne savait prévoir. Il amusait alors ; il séduisait par un mélange de blague, de farce et de familiarité, où il entrait du rapin des ateliers de jadis, et je ne sais quel ingrédient venu de Naples.

Il m'arrivait de sonner à sa porte assez anxieux de l'accueil. Il ouvrait avec défiance. Il me reconnaissait. C'était un bon jour. Il m'admettait dans une pièce longue, sous les toits, à large baie vitrée (de vitres peu lavées) où la lumière et la poussière étaient heureuses. Là s'entassaient le tub, la baignoire de zinc terne, les peignoirs sans fraîcheur, la danseuse de cire au tutu de vraie gaze, dans sa cage de verre, et les chevalets chargés de créatures du fusain, camuses, torses, le peigne au poing, autour de leur épaisse chevelure roidie par l'autre main. Le long du vitrage vaguement frotté de soleil, une tablette étroite courait, tout encombrée de boîtes, de flacons, de crayons, de bouts de pastel, de pointes, et de ces choses sans nom qui peuvent toujours rendre service...

Il m'arrive parfois de penser que le travail de l'artiste est un travail de type très ancien ; l'artiste lui-même, une survivance, un ouvrier ou un artisan d'une espèce en voie de disparition, qui fabrique en chambre, use de procédés

17. Degas, *La petite danseuse de quatorze ans*, 1881.

18. Degas, *La toilette*, 1892-1895.

20. Degas, *Femme se coiffant* (détail), 1887-1890.

◀ 19. Degas, *Femme se baignant*, 1883-1885.

21. Degas et Bartholomé, rue Victor-Massé, 1910.
Au mur : Manet, *Le jambon* et *Le Polichinelle*. Photo prise par Degas.

tout personnels et tout empiriques, vit dans le désordre et l'intimité de ses outils, voit ce qu'il veut et non ce qui l'entoure, utilise des pots cassés, des ferrailles domestiques, des objets condamnés... Peut-être cet état change-t-il, et verrons-nous s'opposer à l'aspect de cet outillage de fortune et de l'être singulier qui s'en accommode, le tableau du laboratoire pictural d'un homme rigoureusement vêtu de blanc, ganté de gomme, obéissant à un horaire tout précis, pourvu d'appareils et d'instruments strictement spécialisés : chacun ayant sa place et son occasion exacte d'emploi ?... Jusqu'ici, le hasard n'est pas encore éliminé des actes ; le mystère, des procédés ; l'ivresse, des horaires ; mais je ne réponds de rien.

22. Manet, *Le jambon*, 1880.

23. Manet, *Le Polichinelle*, 1874.

Cet atelier sans faste occupait le troisième étage de la maison que Degas habitait, quand je l'ai connu, rue Victor-Massé. Au premier étage, il avait accroché son *Musée*, composé de quelques tableaux qu'il avait acquis de ses deniers ou par échanges. Au second, son appartement. Il avait pendu aux murs les œuvres qu'il préférait, de lui-même ou d'autrui : un grand et très beau Corot, des crayons d'Ingres, et une certaine étude de danseuse qui excitait chaque fois mon envie. Il l'avait non tant dessinée que véritablement construite et articulée en pantin : un bras et une jambe coudés net, le corps raide, une volonté implacable dans le dessin, quelques rehauts de rouge par-ci par-là. Je songeais, en la regardant, à un dessin d'Holbein qui est à Bâle, et qui représente une *main*.

24. Ingres, *Étude pour « L'Apothéose d'Homère »*, 1926.

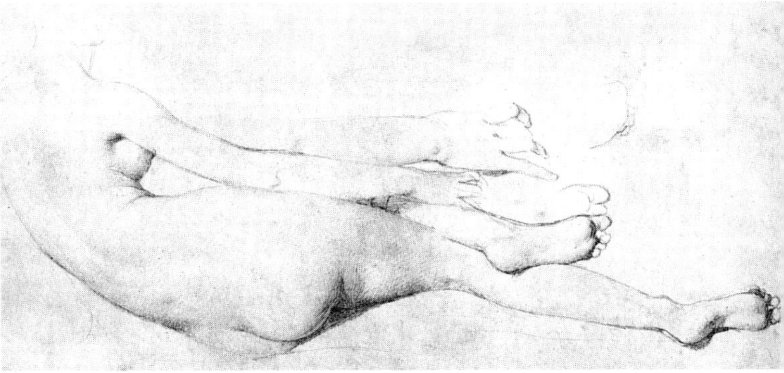

25. Ingres, *Étude pour « La Grande Odalisque »*, 1814.

26. Degas, *Étude de drapé pour « Sémiramis »*, vers 1860-1861.

27. Degas, *Étude de danseuse*.
Illustration pour *Degas Danse Dessin*, de Paul Valéry.

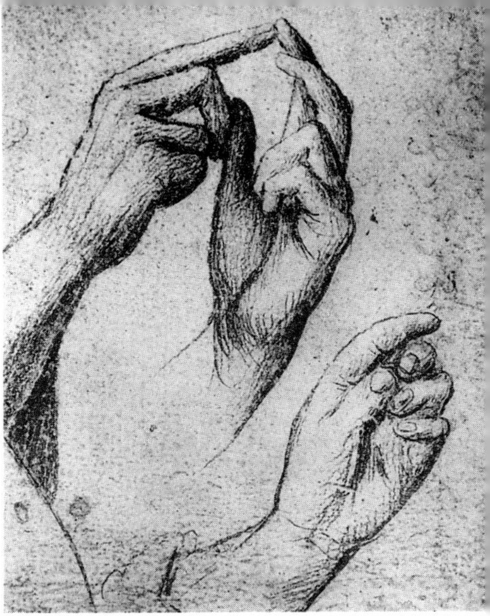

28. Holbein, *Étude de mains*, 1520.

Supposez que l'on fasse une main de bois, comme celle qui s'ajuste au moignon d'un manchot, et qu'un artiste l'ait dessinée avant qu'elle ne soit achevée, les doigts déjà assemblés et à demi ployés, mais non encore dégrossis, tellement que les phalanges soient autant de dés allongés, à *section carrée.* Telle est la main de Bâle. Je me suis demandé si cette curieuse étude n'avait pas eu, dans la pensée d'Holbein, la signification d'un exercice *contre* la mollesse et la rotondité du dessin.

Certains peintres de notre temps semblent avoir compris la nécessité de *constructions* de ce genre ; mais ils n'ont pas manqué de confondre l'exercice avec l'œuvre, et ils ont pris pour fin ce qui ne doit être qu'un moyen. Rien de plus *moderne.*

29. Degas et Zoé, vers 1890.
Photo prise par Degas.

Achever un ouvrage consiste à faire disparaître tout ce qui montre ou suggère sa fabrication. L'artiste ne doit, selon cette condition surannée, s'accuser que par son style, et doit soutenir son effort jusqu'à ce que le travail ait effacé les traces du travail. Mais le souci de la personne et de l'instant l'emportant peu à peu sur celui de l'œuvre en soi et de la durée, la condition d'achèvement a paru non seulement inutile et gênante, mais même contraire à la *vérité*, à la *sensibilité* et à la manifestation du *génie*. La personnalité parut essentielle, même au public. L'esquisse valut le tableau. Rien de plus éloigné des goûts, ou, si l'on veut, des manies de Degas.

Dans cet appartement du second étage se trouvait une salle à manger où j'ai dîné assez tristement bien des fois.

Degas redoutait l'obstruction et l'inflammation intestinales. Le veau trop pur et le macaroni cuit à l'eau claire que nous servait la vieille Zoé, fort lentement, étaient d'une rigoureuse insipidité. Il fallait consommer ensuite une certaine marmelade d'oranges de Dundee que je ne pouvais souffrir, que j'ai fini par supporter, et que je crois que je ne déteste plus, *à cause du souvenir.* S'il m'arrive de goûter à présent à cette purée pénétrée de fibrilles couleur de carotte, je me retrouve assis en face d'un vieil homme affreusement solitaire, livré à de lugubres réflexions, privé, par l'état de sa vue, du travail qui fut toute sa vie. Il m'offre une cigarette, dure comme un crayon, que je roule entre mes paumes pour la rendre fumable ; et cette manœuvre, chaque fois, l'intéresse. Zoé apporte le café, elle appuie son gros ventre à la table, et cause. Elle parle fort bien ; il paraît qu'elle fut institutrice ; les énormes lunettes rondes qu'elle porte donnent un air assez savant à son visage large, honnête, et toujours sérieux.

Zoé tient le ménage, assistée d'une jeune fille qui se nomme Argentine. Un soir, Argentine affolée se précipite vers nous en criant que sa tante se meurt. Degas semble perdre la tête. Je vole à la cuisine, j'installe à terre la malade, lui donne quelques *soins* au hasard ; le malaise se dissipe, et l'on assiste à la résurrection de Zoé. Degas est émerveillé, plein de reconnaissance : il a vu un miracle. Quant à moi, je demeure étonné du manque des notions les plus simples et des pratiques les plus élémentaires chez un homme si intelligent, et d'ailleurs *nourri aux lettres classiques.* Il avait sur bien des points des idées de bonne femme.

30. Degas, *Autoportrait à trente ans.*

L'instruction que l'on dispensait vers 1850 dans les lycées devait être aussi absurde, quoique plus *forte*, que celle qui se donne aujourd'hui. Pas un de ces premiers prix du Concours Général n'eût été capable de montrer dans le ciel les étoiles dont parle Virgile ; et ces fabricants de vers latins ignoraient radicalement qu'il y a une musique du vers français. Ni la propreté, ni les moindres notions d'hygiène, ni l'art de se tenir, ni même la prononciation de notre langue ne figuraient dans les programmes de cet incroyable enseignement, des conceptions duquel le corps, les sens, le ciel, les arts et la vie sociale étaient soigneusement exclus...

Quant à la chambre de Degas elle était du même négligé que le reste, car tout, dans cette demeure, ramenait à l'idée d'un homme qui ne tient plus à rien qu'à la vie même, et parce qu'on y tient malgré tout et malgré soi. Il y avait là quelque meuble Empire ou Louis-Philippe. Une brosse à dents, desséchée dans un verre, aux poils à demi teints d'un rose mort, me rappelait celle qu'on voit dans le nécessaire de Napoléon, à Carnavalet, ou ailleurs.

Un soir qu'il devait changer de chemise pour aller dîner en ville, Degas me fit entrer dans cette chambre avec lui. Il se mit tout nu devant moi et se revêtit, sans la moindre gêne. J'entre dans l'atelier. Là, vêtu comme un pauvre, en savates, le pantalon lâche et jamais fermé, Degas circule. Une porte béante laisse bien voir au fond les lieux les plus secrets.

Je songe que cet homme fut élégant, que ses manières, quand il veut, sont de la distinction la plus naturelle, qu'il passait ses soirées aux coulisses de l'Opéra, qu'il fréquentait le pesage de Longchamp, qu'il fut l'observateur le plus sensible de la forme humaine, le plus cruel amateur des lignes et attitudes de la femme, un connaisseur raffiné des beautés des plus fins chevaux, le dessinateur le plus intelligent, le plus réfléchi, le plus exigeant, le plus acharné du monde... Il fut encore l'homme d'esprit, le convive dont les mots résument, dans un acte souverain d'abus de la justice, quelques vérités bien choisies, et tuent...

Le voici, vieillard nerveux, sombre presque toujours, parfois sinistre et noirement distrait, avec des reprises brusques de fureur ou d'esprit, des impulsions ou des impatiences enfantines, des caprices...

31. Degas, *Portrait d'Edmond Duranty* (détail), 1879.

Il revient quelquefois : il a des lueurs, des écarts de délicatesse émouvante.

Mais *aujourd'hui* est un bon jour. Il me chante en italien une cavatine de Cimarosa.

Chose assez peu commune chez les artistes, Degas était *homme de goût.* Il se piquait de l'être, et l'était.

Il avait beau être né en plein « Romantisme », avoir dû, vers sa maturité, se mêler au mouvement « naturaliste », fréquenter Duranty, Zola, Goncourt, Duret... exposer avec les premiers « impressionnistes », il n'en demeurait pas moins un de ces *connaisseurs* délicieux, obstinément, voluptueusement étroits, impitoyables aux nouveautés qui ne sont que neuves, nourris de Racine et d'ancienne musique, citateurs et « classiques » jusqu'à la férocité, à l'extravagance, aux éclats, qui nous sont malheureusement une espèce disparue.

32. Émile Zola, vers 1880.
33. Jules et Edmond de Goncourt, vers 1856. Photo de Nadar.

32

33

34. Manet, *Portrait de Théodore Duret* (détail), 1868.

Peut-être devint-il ce personnage en vieillissant, lui qui, malgré son culte de Monsieur Ingres, avait admiré passionnément Delacroix ?

Il arrive qu'avec l'âge, l'homme, insensiblement, se modèle sur les vieilles gens qu'il observait dans sa jeunesse et trouvait ridicules ou impossibles. Il en prend parfois les manières, devient plus solennel, plus courtois, plus impérieux, parfois plus galant, — ou même gaillard, — qu'il ne le fut jamais au temps de sa verdeur.

Il me souvient de personnes très âgées, que je voyais, il y a fort longtemps en province, et qui se vêtaient non plus comme elles s'étaient vêtues dans la plus grande partie de leur existence, mais à la mode des vieillards de leur jeune temps. Un certain marquis finit par des gilets couleur de lune et le monocle *carré*.

35. Ingres, vers 1850. Photo de Carjat.
36. Delacroix, 1858. Photo de Nadar.

35

36

37. La princesse de Metternich, 1860. Photo de Disderi.

Degas, homme de goût, retardait par là sur plus d'un de son âge, tandis qu'il devançait, d'autre part, par la hardiesse vraie et la précision de son esprit, bien des artistes, ses contemporains. Il a compris, l'un des premiers, ce que la photographie pouvait enseigner au peintre, et ce que le peintre devait se garder de lui emprunter.

38. Degas, *Portrait de femme (la princesse de Metternich)*, 1861.

Son œuvre a peut-être souffert du nombre et de la diversité remarquables de ses appétits artistiques, comme de l'intensité de son attention sur les points les plus hauts, mais les plus opposés, de son métier.

Tous les arts regardés longtemps s'approfondissent en problèmes insolubles. Le regard prolongé engendre un infini de difficultés, et cette génération d'obstacles imaginaires, de désirs incompatibles, de scrupules et de repentirs, est proportionnelle, ou bien plus que proportionnelle, à l'intelligence et aux connaissances que l'on a. Comment choisir entre le parti de Raphaël et celui des Vénitiens, sacrifier Mozart à Wagner, Shakespeare à Racine ? Ces embarras n'ont rien de tragique pour l'amateur ni pour le critique. Ils sont pour l'artiste des tourments de conscience renouvelés à chaque retour qu'il fait sur ce qu'il vient de faire.

Degas se trouve pris entre les commandements de Monsieur Ingres et les charmes étranges de Delacroix ; tandis qu'il hésite, l'art de son temps se résout à exploiter le spectacle de la vie moderne. Les compositions et le grand style vieillissent à vue d'œil dans l'opinion. Le paysage envahit les murs qu'abandonnent les Grecs, les Turcs, les Chevaliers et les Amours. Il ruine la notion du *sujet*, réduit en peu d'années toute la part intellectuelle de l'art à quelques débats sur la *matière* et la couleur des ombres. Le cerveau se fait rétine pure, et il ne peut plus être question de chercher à exprimer par le pinceau les sentiments de quelques vieillards devant une belle Suzanne, ou la noble résistance d'un grand médecin auquel on offre des millions.

Vers la même époque, l'érudition et l'exploration du monde apportent de nouveaux éléments de plaisir et de doute. Quantité de manières de voir inédites ou oubliées sont affirmées. Le goût des « primitifs » se déclare : Grecs de la haute époque, Italiens, Flamands, Français... D'autre part, les miniatures de la Perse, et surtout les estampes du Japon, viennent se faire admirer, étudier par les artistes, cependant que Goya et Theotocopuli sont mis ou remis à la mode. Enfin, la *plaque sensible.*

Tel est le problème pour Degas, qui n'ignore rien, jouit, et donc souffre de tout.

Il admire et envie l'assurance de Manet, de qui l'œil et la main sont les certitudes, qui voit infailliblement ce qui, dans le modèle, lui donnera l'occasion de donner toute sa force, d'exécuter à fond. Il y a chez Manet une puissance décisive, une sorte d'instinct stratégique de l'action picturale. Dans ses meilleures toiles, il arrive à la *poésie*, c'est-à-dire au suprême de l'art, par ce qu'on me permettra de nommer... *la résonance de l'exécution.*

— Mais comment parler peinture ?

39. Degas, *Portrait d'Hilaire René de Gas* (grand-père du peintre), 1857.

Degas et la Révolution

Le vingt-huit juillet 1904, Degas me raconte ce souvenir :

Il avait quatre ou cinq ans. Sa mère, un jour, le conduisit avec elle faire visite à Madame Le Bas, veuve du célèbre conventionnel, ami de Robespierre, qui se tua d'un coup de pistolet, le neuf Thermidor. Le fils de Madame Le Bas, Philippe, était un éminent érudit. Il avait été précepteur des oncles de Degas.

Cette vieille dame habitait rue de Tournon. Degas se souvenait du *rouge* des carreaux cirés qui pavaient l'appartement.

La visite achevée, comme Madame Degas, tenant son fils par la main, se retirait, accompagnée jusqu'à la porte par Madame Le Bas, elle aperçut sur les murs du couloir d'entrée les portraits de Robespierre, de Saint-Just, de Couthon...

« Comment, s'écria-t-elle, vous conservez toujours les têtes de ces monstres...

— Tais-toi, Célestine, c'étaient des saints... »

Le même vingt-huit juillet 1904, Degas, en veine de souvenirs, me parla de son grand-père, qu'il a connu et dont il a fait le portrait à Naples (ou à Rome ?) en 18...

Ce grand-père agiotait sur les blés pendant la Révolution. Un jour, en 1793, comme il était en affaires à la Bourse aux Grains qui se tenait alors au Palais-Royal, un ami passe dans son dos et lui souffle : « F...s le camp !... Sauve-toi !... On est chez toi... »

Il ne perd point de temps, emprunte tous les assignats

qu'il peut se procurer sur la place, sort de Paris sur l'heure, crève deux chevaux, gagne Bordeaux, s'embarque sur un navire en partance. Le navire touche à Marseille. Ce navire, d'après le récit de Degas, (que je me garde d'interrompre), charge à Marseille de la pierre ponce, ce qui me semble invraisemblable... Peut-être allait-il chercher du soufre en Sicile ?

Monsieur De Gas arrive enfin à Naples, où il s'établit. Il était homme si capable et si honnête qu'il est chargé, deux ans après son arrivée, de créer le Grand Livre de la Dette Publique de la République Parthénopéenne, invention récente de Cambon. Il épouse une demoiselle noble de Gênes, une Frappa, et fait souche.

Degas avait conservé des liens de famille à Naples où il se rendait quelquefois. C'est pendant un de ces voyages qu'il fut victime d'un vol en chemin de fer. Il prétendait qu'on l'avait piqué, pendant qu'il dormait, et inoculé avec quelque substance narcotique puissante, et qu'on lui avait dérobé son portefeuille à la faveur de ce sommeil renforcé.

Il gardait aussi de Naples des impressions et des souvenirs qu'il aimait de se rappeler. Il parlait napolitain avec la volubilité et l'accent le plus authentiques, chantonnait parfois quelques fragments de chansons populaires comme il s'en chante là-bas au coin des rues.

Il y avait, dans le récit de Degas que je viens de rapporter, un détail de quelque importance.

Ce grand-père menacé de l'échafaud, et qui fuit si vivement le marché aux grains, avait été inscrit sur la liste des suspects pour avoir été signalé comme fiancé à l'une de ces fameuses « Jeunes vierges de Verdun », dont plusieurs payèrent de leur vie l'accueil qu'elles avaient fait, en 1792, à l'armée prussienne envahissant la France pour rétablir la monarchie. Elles avaient reçu avec des fleurs et des drapeaux blancs ces troupes étrangères, ennemies pour les uns, alliées et libératrices pour les autres.

J'avais oublié tout ceci quand il m'arriva, quelques années après ma conversation avec Degas, d'ouvrir, sous l'Odéon, je ne sais quel ouvrage d'histoire. Il traitait de la Révolution. Prêt à le refermer, le nom de Mallarmé arrêta mon regard. Je lus que le conventionnel Mallarmé avait été chargé, en 1793, par le Comité de Salut Public, d'instruire l'affaire de Verdun, de poursuivre non seulement les personnes directement impliquées dans cette démonstration de connivence avec l'ennemi, mais encore, (comme il est d'usage dans toutes les poursuites politiques bien comprises), toutes celles qui les touchaient de plus ou moins près.

Ce Mallarmé, je le savais, était de la famille du poète, ancêtre ou non.

Je m'attardai avec complaisance sur cette pensée délicieuse d'un Mallarmé s'inquiétant de faire couper la tête à un Degas, et les rapports d'Edgar Degas avec Stéphane Mallarmé me revinrent en mémoire.

Ces rapports n'étaient, ni ne pouvaient être, fort simples. Rien ne ressemblait moins au caractère *voulu dur*, et direct jusqu'à la brutalité, de Degas que le caractère *voulu* de Mallarmé.

Mallarmé vivait pour une certaine pensée : une œuvre imaginaire absolue, but suprême, justification de son existence, fin unique et unique prétexte de l'univers, l'habitait. Il avait transformé, reconstruit sa vie exté-

Comparaison entre Degas et Mallarmé

rieure, son attitude à l'égard des autres et des circonstances, en vue de la préservation et de l'édification toujours plus précise de cette idée essentielle, pure et sublime, à laquelle il rapportait toutes les valeurs. Il est probable que les hommes et les œuvres *valaient* à ses yeux et se classaient selon le sentiment plus ou moins net qu'il y trouvait de cette *vérité* qu'il avait découverte. C'est dire qu'il devait abolir mentalement, guillotiner idéalement bien des êtres : ce qui l'engageait à se montrer à tous, d'une grâce, d'une patience, d'une courtoisie véritablement *exquises*, à ouvrir sa porte à qui que ce fût, à répondre dans les termes les plus élégants, et toujours les plus neufs dans le tour, à toutes les lettres... Il étonnait par cette prodigieuse civilité raffinée et ce système d'égards universels, dont j'étais parfois naïvement choqué, mais de quoi il s'était fait une *sphère de garde* impénétrable, où la merveille de son orgueil demeurait parfaitement sienne, intacte, trésor de l'intimité de cet homme avec sa propre étrangeté.

Rien ne ressemblait moins à l'intransigeance éclatante de Degas, à ses jugements par la blague implacable, aux exécutions sommaires et sarcastiques qu'il ne se refusait jamais, à son amertume toujours sensible, à ses terribles variations d'humeur, à ses emportements, que la manière égale, amène, délicate, délicieusement ironique de Mallarmé.

Je crois que Mallarmé n'était pas sans redouter assez ce caractère si différent du sien.

Quant à Degas, il parlait fort aimablement de Mallarmé, mais de l'homme surtout. L'œuvre lui paraissait le fruit d'une douce démence qui se fût emparée d'un esprit de poète merveilleusement doué. Ces méconnaissances ne sont pas rares entre artistes. Il est aisément concevable qu'ils soient plus faits pour ne se point comprendre. D'ailleurs, les récits de Mallarmé offraient de grandes facilités aux rieurs et aux railleurs de tous degrés. L'opinion de Degas était toute conforme sur ce point à celle des habitués du Grenier de Goncourt, où Mallarmé allait quelquefois. Ces écrivains le trouvaient charmant, et ils s'émerveillaient qu'un homme d'une intelligence si fine et qui s'exprimait avec une pureté, une précision, un art de dire et de suggérer incomparables, pût produire des monstres d'obscurité et de complication quand il écrivait, et se résoudre surtout à braver le public dont eux-mêmes recherchaient si avidement la faveur et la clientèle. On eût bien étonné cette petite société de grands auteurs, assoiffés de gros *tirages* et furieusement jaloux les uns des autres, si on leur eût prédit qu'un demi-siècle ne s'écoulerait pas que ne fléchissent à l'extrême l'autorité de leurs doctrines, la renommée et la vente de leurs romans, cependant que l'œuvre mince et *absconse*, indépendante de la vogue et du nombre à cause de ses vertus formelles si longuement et rigoureusement élaborées, développerait dans les esprits les plus attentifs toutes les puissances de la perfection.

Un jour qu'ils discutaient dans le Grenier, Zola dit à Mallarmé qu'à ses yeux, la m... valait le diamant. — « Oui, dit Mallarmé, mais le diamant, — c'est plus rare. »

Degas ne se privait pas de faire diverses charges dont la poésie de Mallarmé était l'objet :

« Victime lamentable à son destin offerte... »

Il racontait, par exemple, que Mallarmé ayant lu un sonnet devant quelques disciples, et ceux-ci, dans leur admiration, voulant paraphraser le poème, l'expliquaient chacun à sa façon : les uns y voyant un coucher de soleil, les autres le triomphe de l'aurore ; Mallarmé leur dit : « Mais pas du tout... C'est ma commode. »

Il paraît que Degas alla jusqu'à raconter cette histoire devant son héros, dont on dit qu'il sourit de l'entendre, mais d'un sourire un peu nécessaire.

J'ajoute que l'anecdote elle-même me semble peu vraisemblable. Mallarmé, à ma connaissance, ne lisait jamais ses vers devant témoins. Il m'a bien lu le « Coup de Dés » en 1897 ; mais c'était dans le tête-à-tête, et l'extraordinaire nouveauté de cet ouvrage lui a paru, sans doute, justifier une expérience directe de son effet.

Il y eut enfin entre Degas et Mallarmé des conflits singuliers dont le mauvais caractère du premier était l'invariable cause.

Mallarmé avait eu l'idée de faire acheter un Degas par l'État. Il finit par obtenir de son ami Roujon, alors Directeur des Beaux-Arts, la décision qu'il souhaitait et vole chez Degas.

Degas, que le seul nom des « Beaux-Arts » jetait aux extrêmes de la fureur, entre dans une colère désordonnée, vomit l'injure et l'anathème, va et vient dans l'atelier comme un lion irrité dans sa cage.

« Les chevalets avaient l'air de voltiger sous ses doigts », disait Mallarmé...

Il ajoutait, selon le récit que m'en fait Madame Ernest Rouart, « qu'il eût aimé développer lui-même une belle colère, bien conduite, savamment réglée, et non cette rage discordante et grossière ».

Il y eut d'autres difficultés entre eux.

Ces relations coupées d'orages m'étant connues, la découverte que je fis fortuitement du rôle joué par le conventionnel Mallarmé dans la fuite à Naples du grand-père de Degas, et par conséquence, dans la génération de notre peintre, me divertit assez.

Ce Mallarmé (François-Auguste), né en Lorraine vers 1756, fut député de la Meurthe à l'Assemblée Législative, puis conventionnel et votant pour la mort. Le 9 Nivôse an II, le Comité de Salut Public le députait dans les départements de Meuse et de Moselle, en mission toute spéciale « pour l'exécution des mesures de salut public et pour l'établissement du gouvernement révolutionnaire ». C'est ainsi qu'il connut de l'affaire de Verdun, dut poursuivre, selon toutes les rigueurs des lois, les fauteurs de troubles, qu'il fit traduire devant le tribunal révolutionnaire. Trente-cinq têtes tombèrent. Il fut remplacé en Lorraine par le représentant Charles Delacroix, qui n'est autre que le père, nominal, sans doute, d'Eugène Delacroix.

François-Auguste Mallarmé fut nommé par Napoléon sous-préfet d'Avesnes en 1814 ; il avait employé sa fortune à lever des corps de partisans au moment de l'invasion. La Restauration le bannit comme régicide, et il mourut en 1835.

J'ai trouvé tous ces détails sur son rôle et sur lui, dans l'*Essai sur la Révolution à Verdun*, ouvrage très intéressant de M. Edmond Pionnier (1905).

Valéry s'appuie toujours sur des ouvrages. Justifie ses anecdotes.

Propos

Degas n'admettait pas la discussion quand il s'agissait de Monsieur Ingres. À qui lui disait que ce grand homme faisait des figures en zinc, il répliquait : « Peut-être !... Mais alors, c'est un zingueur de génie. »

Un jour, Henri Rouart se permit de reprocher à l'*Apothéose d'Homère* sa froideur, et d'observer que tous ces dieux déjà gelés dans leurs nobles attitudes respiraient dans une atmosphère glaciale.

« Comment ! s'écria Degas, mais c'est admirable !... C'est une atmosphère d'empyrée qui remplit la toile... »

Il oubliait que l'empyrée est un séjour de feu.

Il rappelait à tout propos les apophtegmes du Maître de Montauban :

« Le dessin n'est pas en dehors du trait, il est en dedans... »

« Il faut poursuivre le modelé comme une mouche qui court sur une feuille de papier. »

« Les muscles, ce sont mes amis, mais j'ai oublié leurs noms. »

Degas avait beaucoup connu Gustave Moreau, dont il avait fait le portrait. Moreau l'entreprit un jour : « Vous avez donc la prétention de restaurer l'art par la danse ?

— Et vous, riposta Degas, prétendez-vous le rénover par la bijouterie ? »

◄ 40. Ingres, *L'Apothéose d'Homère* (détail), 1827.

41. Degas, *Portrait de Gustave Moreau* (détail), 1868.

Et il disait aussi de Moreau : « Il veut nous faire croire que les Dieux portaient des chaînes de montres... »

Une visite qu'il fit au Musée de la rue de La Rouchefoucauld le dissuada de donner suite au projet qu'il avait formé de fonder, lui aussi, son Musée où sa collection, (et peut-être partie de son atelier) eussent figuré. « C'est vraiment sinistre, disait-il en sortant, on se croirait dans un hypogée... Toutes ces toiles réunies me font l'effet d'un *Thesaurus*, d'un *Gradus ad Parnassum.* »

Moreau avait ses qualités. Ses élèves, dit-on, l'adoraient et le vénéraient. On ne peut lui refuser d'avoir visé

42. Gustave Moreau, *Salomé dansant* (détail), 1876. ►

43. Huysmans, vers 1895. Photo de Nadar.

très haut. Il a cherché la poésie ; mais, comme plus d'un de ce temps-là, il l'a cherchée dans l'accessoire. Il lui a manqué, d'ailleurs, d'être profondément peintre. Il me souvient de la grande déception que j'ai eue quand, très échauffé par les folles et furieuses descriptions d'Huysmans dans « À Rebours », je vis enfin quelques œuvres de Moreau. Je ne pus me tenir de dire à Huysmans que « c'était gris et terne comme un trottoir ».

Huysmans se défendit fort mollement. Il allégua que les couleurs dont Moreau se servait étaient de mauvaise qualité, que l'éclat qui l'avait émerveillé avait péri, etc.

22 octobre 1905

Degas aujourd'hui me parle d'Ingres, et des rapports qu'il eut avec lui.

Il connaissait un vieil amateur, Monsieur de Valpinson, — nom charmant, nom de vaudeville, — qui était grand admirateur et ami de Monsieur Ingres.

« Ceci, dit Degas, se passe en 1855. »

Un jour qu'il va faire visite à ce Valpinson, il le trouve assez ennuyé.

— « Ingres, dit l'amateur, sort d'ici. Il m'a l'air très blessé. Je lui ai refusé de prêter tel tableau de lui pour une exposition qu'il organise. J'ai eu peur du feu. Le local est vraiment trop combustible. »

Degas proteste, s'exclame, adjure Valpinson. Il finit par le convaincre.

Tous deux, le lendemain, s'en vont à l'atelier du maître pour le prier de faire prendre le tableau.

Pendant la conversation, Degas regarde les murs. (Il possède actuellement des études qu'il se rappelle avoir vues sur ces murs.)

Ingres, à leur sortie, s'incline très révérencieusement. En s'inclinant, il est pris d'un vertige et tombe sur la face. On le relève en sang. Degas lui lave le visage. Il court ensuite chercher Madame Ingres, rue de l'Isle. Il lui donne le bras et la ramène à pied jusqu'au n° 10, quai Voltaire.

Là, ils rencontrent Ingres qui descendait, encore tout ému. Degas, le lendemain, va prendre des nouvelles.

Madame Ingres le reçoit très gracieusement et lui montre un tableau.

À quelque temps de là, Monsieur de Valpinson le prie de retourner chez Ingres de sa part, et de lui redemander la toile prêtée.

Ingres répond qu'il l'a déjà renvoyée à son propriétaire. Mais Degas, cette fois, veut parler pour son compte. Il se dit : Il faut absolument que je cause avec lui. Il engage timidement l'entretien et finit par déclarer : « Je fais de la peinture ; je commence, et mon père, qui est homme de goût et amateur, trouve que mon cas n'est pas absolument désespéré... »

Ingres lui dit : « Faites des lignes... Beaucoup de lignes, soit d'après le souvenir, soit d'après nature. »

Degas, une autre fois, m'a raconté cette même entrevue avec une variante assez importante.

Il serait revenu chez Ingres, comme il est dit ci-dessus, mais en compagnie de Valpinson, et portant un carton sous le bras. Ingres aurait feuilleté les études que ce carton contenait, l'aurait refermé en disant : « C'est bon ! Jeune homme, jamais d'après la nature. Toujours d'après le souvenir et les gravures des maîtres. »

On peut méditer ces deux textes. Il ne me souvient pas que Degas les ait commentés devant moi.

Degas fit une troisième visite à l'atelier d'Ingres. Il alla voir quelques tableaux que le maître avait exposés. Ingres montrait ses œuvres à un monsieur (Degas disait : à un idiot) qui, passant d'un Homère à un Bain Turc, s'écrie : « Ah ! Celui-ci, Monsieur, c'est la grâce et la volupté... et quelque chose de plus... »

Ingres répond : « Monsieur, j'ai plusieurs pinceaux. »

Voir et tracer

Il y a une immense différence entre voir une chose sans le crayon dans la main, et la voir *en la dessinant.* Ou plutôt, ce sont deux choses bien différentes que l'on voit. Même l'objet le plus familier à nos yeux devient tout autre si l'on s'applique à le dessiner : on s'aperçoit qu'on l'ignorait, qu'on ne l'avait jamais véritablement *vu.* L'œil jusque-là n'avait servi que d'intermédiaire. Il nous faisait parler, penser ; guidait nos pas, nos mouvements quelconques ; éveillait quelquefois nos sentiments. Même il nous ravissait, mais toujours par des effets, des conséquences ou des résonances de sa vision qui se substituaient à elle, et donc l'abolissaient dans le fait même d'en jouir.

Mais le dessin d'après un objet confère à l'œil un certain commandement que notre volonté alimente. Il faut donc ici *vouloir* pour *voir* et cette *vue voulue* a le dessin pour *fin* et pour *moyen* à la fois.

Je ne puis préciser ma perception d'une chose sans la dessiner *virtuellement*, et je ne puis dessiner cette chose sans une attention volontaire *qui transforme remarquablement ce que d'abord j'avais cru percevoir et bien connaître.* Je m'avise que je ne connaissais pas ce que je connaissais : le nez de ma meilleure amie...

(Il y a quelque analogie entre ceci et ce qui a lieu quand nous voulons préciser notre *pensée* par une expression plus voulue. Ce n'est plus la même pensée.)

La volonté soutenue est essentielle au dessin, car le dessin exige la collaboration d'appareils indépendants qui ne demandent qu'à reprendre la liberté de leurs automatismes propres. L'œil veut errer ; la main arrondir, prendre la tangente. Pour assurer la liberté du dessin, par laquelle pourra s'accomplir la volonté du dessinateur, il faut venir à bout des libertés locales. C'est une question de gouvernement... Pour rendre la main libre *au sens de l'œil*, il faut lui ôter sa liberté *au sens des muscles* ; en particulier, l'assouplir à tracer dans des directions quelconques, ce qu'elle n'aime point. Giotto traçait un cercle pur au pinceau, et dans les deux sens.

L'indépendance des appareils divers, leurs détentes et tendances propres, leurs *facillités* sont opposées à l'exécution toute volontaire. Il en résulte que le dessin, quand il tend à représenter un objet d'aussi près que possible, demande l'état le plus *éveillé* : rien de plus incompatible avec le rêve, puisque cette attention doit interrompre à chaque instant le cours naturel des actes, se garder des séductions de la courbe qui se prononce...

Ingres disait que le crayon doit avoir sur le papier la même délicatesse que la mouche qui erre sur une vitre. (Ce ne sont pas ses termes mêmes, que j'ai oubliés.)

Je me fais quelquefois ce raisonnement sur le dessin d'imitation. Les formes que la vue nous livre à l'état de contours sont produites par la perception des déplacements de nos yeux conjugués qui conservent la vision *nette*. Ce mouvement *conservatif* est *ligne*.

44. Ingres, *Femme de profil*, 1863.

45. Degas, *Page de carnet* (détail), 1857-1858.

Voir les lignes et les tracer. Si nos yeux commandaient mécaniquement un *style* traceur, il nous suffirait de regarder un objet, c'est-à-dire de suivre du regard les frontières des régions diversement colorées, pour le dessiner exactement et involontairement. Nous dessinerions aussi bien l'intervalle de deux corps, qui, pour la rétine, existe aussi nettement qu'un objet.

Mais le commandement de la main par le regard est fort indirect. Bien des *relais* interviennent : parmi eux, la mémoire. Chaque coup d'œil sur le modèle, chaque ligne tracée par l'œil devient élément instantané d'un souvenir, et c'est d'un souvenir que la main sur le papier va emprunter sa loi de mouvement. Il y a transformation d'un tracement visuel en tracement manuel. Mais cette opération est suspendue à la durée de persistance de ce que j'ai appelé « élément instantané de souvenir ». Notre dessin se fera par portions, par segments, et c'est ici que nos grandes chances d'erreur s'introduisent. Il arrivera très facilement que ces segments successifs ne soient pas à la même échelle, et qu'ils se raccordent inexactement les uns aux autres.

Je dirai donc, en manière de paradoxe, que dans le plus mauvais dessin de cette espèce, chacun des segments est conforme au modèle, que tous les morceaux du portrait infidèle sont bons, le *tout* étant détestable. *Je dirai même qu'il est très improbable que chaque portion puisse être inexacte* (l'attention de l'artiste étant supposée), car il faudrait une invention continuelle pour tracer chaque fois un trait autre que celui dessiné par le système des yeux. Mais la *somme* est aussi aisément

46. Degas, *Danseuse inclinée en avant*, 1875.

non-conforme que chacun de ses éléments est aisément, et presque nécessairement, *conforme*...

L'artiste avance, recule, se penche, cligne des yeux, se comporte de tout son corps comme un accessoire de son œil, devient tout entier organe de visée, de pointage, de réglage, de mise au point.

Travail et méfiance

Toute œuvre de Degas est sérieuse.

Si plaisant, si enjoué parût-il quelquefois, son crayon, son pastel, son pinceau ne s'abandonnent jamais. La volonté domine. Son trait n'est jamais assez près de ce qu'il veut. Il n'atteint ni à l'éloquence, ni à la poésie de la peinture ; il ne cherche que la vérité dans le style et le style dans la vérité. Son art se compare à celui des moralistes : une prose des plus nettes enfermant ou articulant avec force une observation neuve et véritable.

Il a beau s'attacher aux danseuses : il les capture plutôt qu'il ne les enjôle. Il les définit.

Comme un écrivain qui veut atteindre la dernière précision de sa forme multiplie les brouillons, rature, avance par reprises, et ne se concède jamais qu'il ait rejoint l'état *posthume* de son morceau, tel Degas : il reprend indéfiniment son dessin, l'approfondit, le serre, l'enveloppe, de feuille en feuille, de calque en calque.

Il revient parfois sur ces sortes d'épreuves ; il y met des couleurs, mêle le pastel au fusain : les jupes sont jaunes sur l'une, violettes sur l'autre. Mais la ligne, les actes, la prose, sont là-dessous ; essentiels et séparables,

48. Degas, *Étude de danseuses*, 1875.

utilisables dans d'autres combinaisons, Degas est de la famille des artistes abstraits qui distinguent la forme, de la couleur ou de la *matière*. Je crois qu'il eût redouté de s'aventurer sur la toile et de s'abandonner au délice de l'exécution.

C'était un excellent cavalier qui se méfiait des chevaux.

◄ 47. Degas, *Danseuse se grattant le dos*, vers 1874-1875.

Cheval, danse et photo

Le Cheval marche sur les pointes. Quatre ongles le portent. Nul animal ne tient de la première danseuse, de l'étoile du corps de ballet, comme un pur-sang en parfait équilibre, que la main de celui qui le monte semble tenir suspendu, et qui s'avance au petit pas en plein soleil. Degas l'a peint d'un vers : il dit de lui :

« Tout nerveusement nu dans sa robe de soie »

dans un sonnet fort bien fait où il s'est diverti et évertué à concentrer tous les aspects et fonctions du cheval de course : entraînement, vitesse, paris et fraudes, beauté, élégance suprême.

Il fut l'un des premiers à étudier les vraies figures du noble animal en mouvement au moyen des photographies instantanées du major Muybridge. D'ailleurs, il aimait et appréciait la photographie, à une époque où les artistes la dédaignaient ou n'osaient avouer qu'ils s'en servaient. Il en a fait de fort belles : je conserve jalousement un certain *agrandissement* qu'il m'a donné.

Auprès d'un grand miroir, on y voit Mallarmé appuyé au mur, Renoir sur un divan assis en face. Dans le miroir, à l'état de fantômes, Degas et l'appareil, Madame et Mademoiselle Mallarmé se devinent. Neuf lampes à pétrole, un terrible quart d'heure d'immobilité pour les

◄ 49. Degas, *Chevaux de course à Longchamp* (détail), vers 1873-1875.

50. Renoir et Mallarmé, vers 1880. Photo prise par Degas.

51. Whistler, *Portrait de Mallarmé*, 1893. Lithographie.

sujets, furent les conditions de cette manière de chef-d'œuvre. J'ai là le plus beau portrait de Mallarmé que j'aie vu, mise à part l'admirable lithographie de Whistler, dont l'exécution fut pour le modèle un autre supplice, supporté avec toute la grâce du monde : il dut, pendant quantité de séances, poser presque collé à un poêle et grillant sans oser se plaindre. Le résultat valut ce martyre. Rien de plus délicat, de plus *spirituellement* ressemblant que ce portrait.

52. Muybridge, *Galop de cheval*, 1878. Chronophotographie.

Les clichés de Muybridge rendaient manifestes les erreurs que tous les sculpteurs et les peintres avaient commises quand ils avaient représenté les diverses allures du cheval.

On vit alors combien l'œil est inventif, ou plutôt combien la perception élabore tout ce qu'elle nous donne comme résultat impersonnel et certain de l'observation.

Toute une série d'opérations mystérieuses entre l'état de *taches* et l'état de *choses* ou d'*objets* interviennent, coordonnent de leur mieux des données brutes incohérentes, résolvent des contradictions, introduisent des jugements formés depuis la première enfance, nous imposent des continuités, des liaisons, des modes de transformation que nous groupons sous les noms d'*espace*, de *temps*, de

53. Degas, *Cheval s'envolant sur l'obstacle*.

54. Degas, *Cheval au galop sur le pied droit*.

55. Degas, *Cheval se cabrant.*

matière et de *mouvement.* On imaginait donc l'animal en action comme on croyait le voir ; et peut-être, si l'on examinait avec assez de subtilité ces représentations de jadis, trouverait-on la *loi* des falsifications inconscientes qui permettaient de dessiner des moments du vol des oiseaux ou des galops du cheval, comme si on eût pu les observer à loisir : mais ces moments interpolés sont imaginaires. On attribuait à ces mobiles rapides des figures *probables*, et il ne serait pas sans intérêt de chercher par comparaison de documents à préciser cette sorte de *création*, par laquelle l'entendement comble les lacunes de l'enregistrement par les sens.

56. Marey, *Vol d'oiseau*, 1890. Chronophotographie.

57. Hokusai, *Minesawa dans la province de Sagami* (détail), 1802. Art japonais. Estampe.

En ce qui concerne le vol des oiseaux, je dirai en passant que la photographie instantanée a corroboré les images qu'en avaient données Léonard de Vinci dans ses croquis et les Japonais dans leurs estampes ; l'un, peut-être, par réflexion, et les autres, peut-être, par sensibilité et patience dans l'observation.

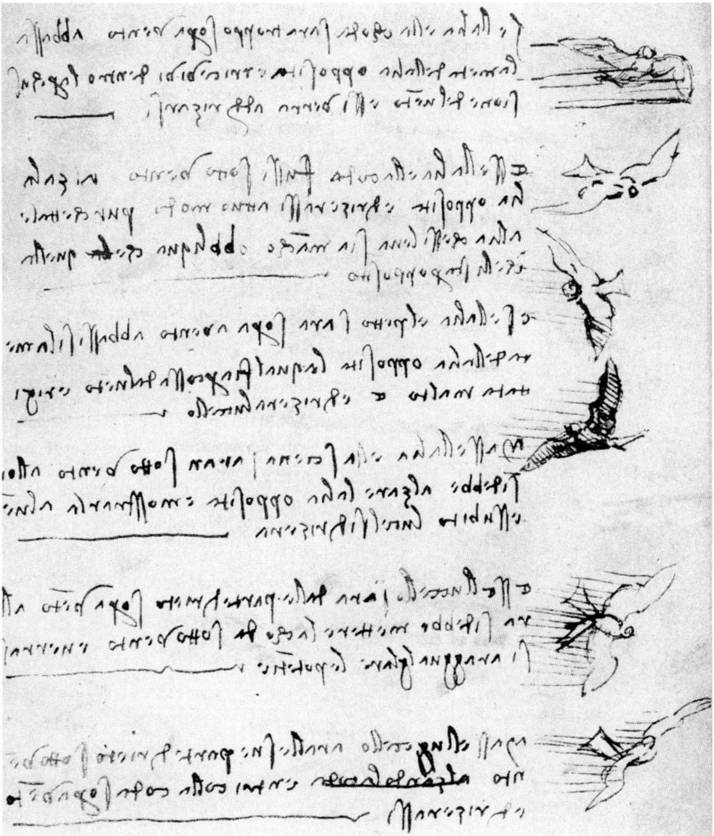

58. Léonard de Vinci, *Vol d'oiseau.*

59. Degas, *Études de chevaux*.

60

61

Degas trouvait dans le cheval de course un thème rare, qui satisfaisait aux conditions que sa nature et son époque imposaient à ses choix. Où trouver quelque chose de pur dans la réalité moderne ? Or, le réalisme et le style, l'élégance et la rigueur, s'accordaient dans l'être luxueusement pur de la bête de race. D'ailleurs, rien ne pouvait plus séduire un artiste aussi raffiné, aussi difficile et amateur de préparations lointaines, de sélections exquises, et de fin travail de dressage, que ce chef-d'œuvre anglo-arabe. Degas aimait et connaissait le cheval de selle au point de reconnaître les mérites d'artistes fort éloignés de lui quand il trouvait chez eux le cheval bien étudié. Un jour, chez Durand-Ruel, il me tint fort longtemps devant une statuette de Meissonier, un Napoléon équestre en bronze, haut d'une coudée, et il me détailla les beautés, ou plutôt les exactitudes qu'il reconnaissait à cette petite œuvre. Canons, paturons, boulets, assiette, arrière-train... Il fallut écouter toute une analyse critique et finalement élogieuse. Il me vanta aussi le cheval de la Jeanne d'Arc de Paul Dubois, qui est devant Saint-Augustin. Il négligea de parler de l'héroïne, dont l'armure est si exacte.

60. Paul Dubois, *Statue équestre de Jeanne d'Arc*, 1889.
61. Meissonier, *Napoléon Ier*, 1874.

Du sol et de l'informe

Degas est l'un des rares peintres qui aient donné au *sol* son importance.

Il a des planchers admirables.

Parfois, il prend une danseuse d'assez haut, et toute la forme se projette sur le plan du plateau, comme on voit un crabe sur la plage. Ce parti lui donne des vues neuves et d'intéressantes combinaisons.

Le sol est un des facteurs essentiels de la vision des choses. De sa nature dépend pour grande part la lumière réfléchie. Dès que le peintre considère la couleur, non plus comme qualité locale agissant par elle-même et par contraste avec les couleurs voisines, mais comme effet local de toutes les émissions et réflexions qui ont lieu dans l'espace, et qui s'échangent entre tous les corps qu'il contient ; dès qu'il s'efforce de percevoir cette subtile répercussion, de s'en servir pour donner à son œuvre une certaine unité toute différente de celle de la composition, sa conception de la *forme* en est changée. À la limite, il arrive à l'impressionnisme.

Degas, quoiqu'il connût fort bien et eût vu se développer autour de lui cette *manière de voir*, ne lui sacrifia jamais le culte du contour en soi, auquel sa nature et son éducation l'avaient destiné.

Le paysage, dont les interprétations successives auxquelles il engagea les artistes engendrèrent « l'impres-

◄ 62. Degas, *Danseuse sur la scène*, 1876.

63. Degas, *Le sentier dans la prairie* (détail), vers 1890-1892.

sionnisme », ne le séduisit jamais. Les rares qu'il ait faits, il les a exécutés dans son atelier et tout à fait *de chic*. C'étaient pour lui des amusements non exempts de quelque malice à l'égard des fanatiques du plein air. Ils étaient curieusement arbitraires : mais ceux qu'il a donnés pour fonds à ses cavaliers et à divers autres sujets sont, au contraire, établis avec la précision qu'il aimait.

On prétend qu'il a fait des études de rochers *en chambre*, en prenant pour modèles des tas de fragments de *coke* empruntés à son poêle. Il aurait renversé le seau sur une table et se serait appliqué à dessiner soigneusement le site ainsi créé par le hasard qu'avait provoqué son acte. Nul objet de référence sur le dessin ne permettait de penser que ces blocs entassés n'étaient que des morceaux de charbon gros comme le poing.

64. Degas, *Rochers au bord d'une rivière* (détail), vers 1890-1892.

65. Degas, *Dunes au bord de la mer* (détail), 1869.

S'il est vrai, cette idée me semble assez *vinciste*. Elle me fait songer aussi à certaines réflexions que je faisais, il y a fort longtemps, et qui ne sont peut-être pas infiniment éloignées de celles que me suggère mon souvenir de Degas.

Je pensais parfois à l'*informe*. Il y a des choses, des taches, des masses, des contours, des volumes, qui n'ont, en quelque sorte, qu'une existence de fait : elles ne sont que perçues par nous, mais non sues ; nous ne pouvons les réduire à une loi unique, déduire leur tout de l'analyse d'une de leurs parties, les reconstruire par des opérations raisonnées. Nous pouvons les modifier très librement. Elles n'ont guère d'autre propriété que d'occuper une région de l'espace... Dire que ce sont des choses informes, c'est dire, non qu'elles n'ont point de *formes*, mais que leurs formes ne trouvent en nous rien qui permette de les remplacer par un acte de tracement ou de reconnaissance nets. Et, en effet, les formes informes ne laissent d'autre souvenir que celui d'une possibilité.... Pas plus qu'une suite de notes frappées au hasard n'est une mélodie, une flaque, un rocher, un nuage, un fragment de littoral ne sont des formes réductibles. Je ne veux pas insister sur ces considérations : elles mènent fort loin. J'en reviens au dessin. Je suppose que nous voulions dessiner une de ces choses informes, mais de celles où l'on puisse cependant reconnaître quelque solidarité de leurs parties. Je jette sur une table un mouchoir que j'ai froissé. Cet objet ne ressemble à rien. Il est d'abord pour l'œil un désordre de plis. Je puis déranger l'un des coins sans déranger l'autre. Mon problème, cependant, est de faire voir, par mon dessin, un morceau d'étoffe de telle espèce, souplesse et épaisseur, et d'un seul tenant. Il s'agit donc de rendre *intelligible* une certaine structure d'un objet qui n'en a point de déterminée, et il n'y a point de *cliché* ou de souvenir qui permette de diriger le travail, comme on le fait quand on dessine une figure d'arbre, d'homme ou d'animal qui se divisent en portions bien connues. C'est ici que l'artiste peut exercer son intelligence, et que l'œil doit trouver, par ses mouvements sur ce qu'il voit, les chemins du crayon sur le papier, comme un aveugle doit, en la palpant, accumuler les éléments de contact d'une forme, et acquérir point par point la connaissance et l'unité d'un solide très régulier.

Cet exercice par l'informe enseigne, entre autres choses, à ne pas confondre ce que l'on croit voir avec ce que l'on voit. Il y a une sorte de construction dans la vision, dont nous sommes dispensés par l'accoutumance. Nous devinons ou prévoyons, en général, plus que nous ne voyons, et les impressions de l'œil sont pour

66. Degas, *Un chemin creux*, 1857-1858.

67. Degas, *Paysage de l'Orne*, 1857-1858.

nous des signes, et non des *présences singulières*, antérieures à tous les arrangements, les résumés, les raccourcis, les substitutions immédiates, que l'éducation première nous a inculqués.

Comme le penseur essaie de se défendre contre les *mots* et les expressions toutes prêtes qui dispensent les esprits de s'étonner de tout et rendent possible la vie pratique, ainsi l'artiste peut, par l'étude des choses informes, c'est-à-dire de forme *singulière*, essayer de retrouver sa propre singularité et l'état primitif et original de la coordination de son œil, de sa main, des objets et de son vouloir.

Chez le grand artiste, la sensibiltié et les moyens sont dans une relation particulièrement intime et *réciproque* qui, dans l'état vulgairement connu sous le nom d'*inspiration*, en arrive à une sorte de jouissance, échange ou correspondance presque parfaite entre le désir et ce qui le comble, le vouloir et le pouvoir, l'idée et l'acte, jusqu'au point de résolution où cesse cet excès d'unité composée, où l'être exceptionnel qui s'était constitué de nos sens, de nos forces, de nos idéaux, de nos trésors acquis, se disloque, se défait, nous abandonne à notre commerce de *minutes sans valeur* contre *perceptions sans avenir*, laissant après soi quelque *fragment* qui ne peut avoir été obtenu que dans un *temps*, ou dans un monde, ou sous une *pression*, ou grâce à une *température* de l'âme très différents de ceux qui contiennent ou produisent du *N'importe Quoi*...

Je dis : *un fragment*, car il y a peu de chances pour que ces unions assez brèves nous livrent *toute* une œuvre de quelque étendue.

C'est ici qu'interviennent le savoir, la durée, les reprises, les jugements. Il faut une bonne tête pour exploiter les bonheurs, maîtriser les trouvailles, et *finir*.

Certains se demandent si le peintre a besoin de savoir autre chose que *voir*, et se servir de ses moyens.

Ils disent, par exemple : Beaucoup de mauvais peintres ont su l'anatomie que beaucoup de bons ont ignorée. Donc, point d'anatomie.

Même raisonnement pour la science de la perspective.

Je leur dis qu'il faudrait tout savoir ; mais, sur toute chose, savoir se servir de ce que l'on sait.

On voit tout autrement un objet dont on connaît la structure. Il ne s'agit point de montrer des muscles sous la peau, mais de penser un peu à ce qui est sous elle. Cela fait un questionnaire profond. J'y vois avantage.

Mais voici une observation que je fais : plus s'éloigne l'époque où perspective et anatomie n'étaient point toutes négligées, plus la peinture se restreint au travail d'après le modèle, moins elle invente, compose et *crée*.

L'abandon de l'anatomie et de la perspective fut simplement l'abandon de l'action de l'esprit dans la peinture au profit du seul divertissement instantané de l'œil.

La peinture européenne a perdu à ce moment quelque chose de sa volonté de puissance...

Et par conséquent, de sa liberté.

Qui se lancerait aujourd'hui dans l'entreprise d'un Michel-Ange ou d'un Tintoret, c'est-à-dire dans une invention qui se joue des problèmes d'exécution, qui affronte les groupes, les raccourcis, les mouvements, les architectures, les attributs et natures mortes, l'action, l'expression et le décor, avec une témérité et un bonheur extraordinaires ?

Deux pommes sur un compotier, une académie à triangle noir nous épuisent.

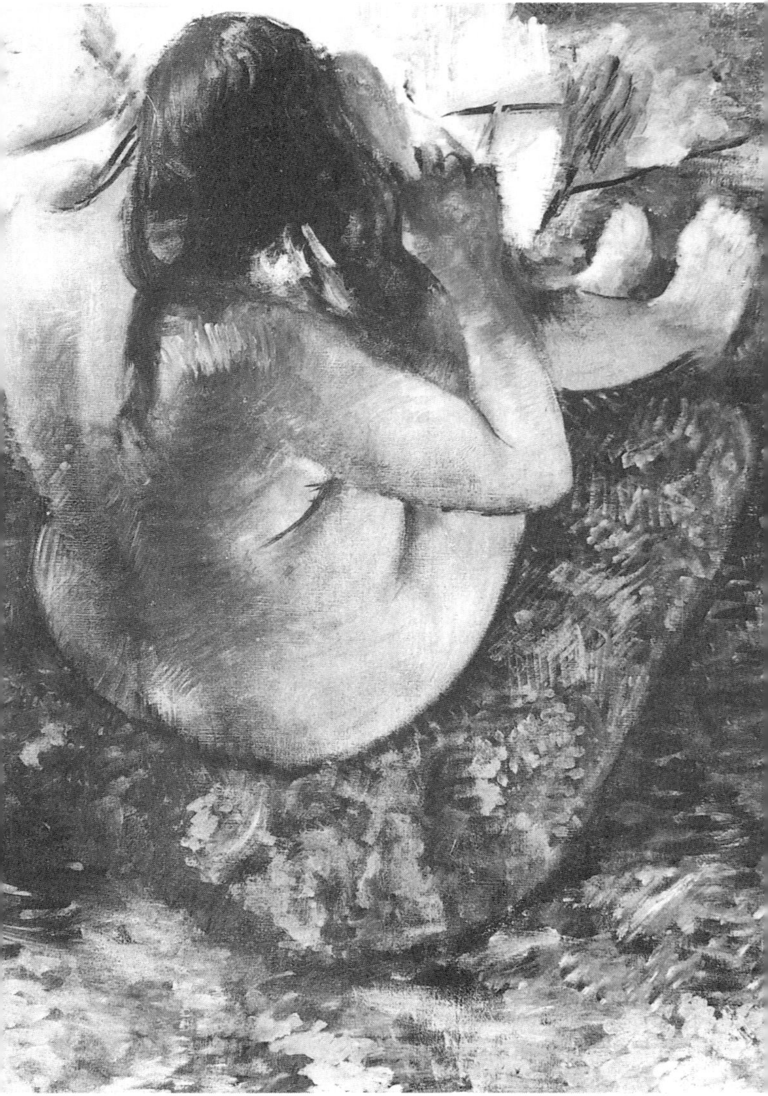

68. Degas, *Femme se coiffant*, vers 1881.

Du nu

hist du nu – le Nu pr les artistes peintres

La mode, les jeux nouveaux, diverses théories, des cures merveilleuses, la simplification des mœurs qui compense la complication du matériel de la vie, l'affaiblissement de toutes les gênes de convention (et le diable, sans doute) ont singulièrement adouci l'antique rigueur du statut de la Nudité.

Sur la plage aux nus innombrables, se prépare peut-être une Société toute nouvelle. On ne s'y tutoie pas encore ; il y a encore quelques formes, comme il y a quelques *régions* voilées ; mais entendre : « Bonjour, Monsieur, — Bonjour, Madame », entre Monsieur nu et Madame nue commence de choquer.

Il y a quelques années à peine, le médecin, le peintre et l'habitué de maisons entr'ouvertes étaient les seuls mortels qui connussent le nu, chacun selon son affaire. Les amants en usaient dans quelque mesure ; mais un homme qui boit n'est pas nécessairement un véritable amateur et connaisseur de vins. L'ivresse n'a rien à voir avec la connaissance.

Le Nu était chose sacrée, c'est-à-dire impure. On le permettait aux statues, parfois avec quelques réserves. Des personnes graves qui l'avaient en horreur à l'état vivant, l'admiraient dans le marbre. Tout le monde sentait confusément que ni l'État, ni la Justice, ni l'Enseignement, ni les Cultes, ni rien de sérieux ne peut

69. Titien, *La Vénus d'Urbino*, 1538.

fonctionner si la vérité est toute visible. Il faut des vêtements au juge, au prêtre, au maître, car leur nudité ruinerait ce qu'il doit y avoir d'impeccable et d'inhumain dans un personnage qui figure une abstraction.

Le Nu n'avait en somme que deux significations dans les esprits : tantôt, le symbole du Beau ; et tantôt, celui de l'Obscène.

Mais, pour les peintres de figure, il était l'objet du monde le plus important. Ce que fut l'amour aux conteurs et aux poètes, le Nu le fut aux artistes de la forme ; et, comme aux premiers l'amour offrait une diversité infinie de manières d'exercer leurs talents, depuis la représentation la plus libre des êtres et des actes jusqu'à l'analyse la plus abstraite des sentiments et des pensées ; ainsi, depuis le corps idéal jusqu'aux nudités

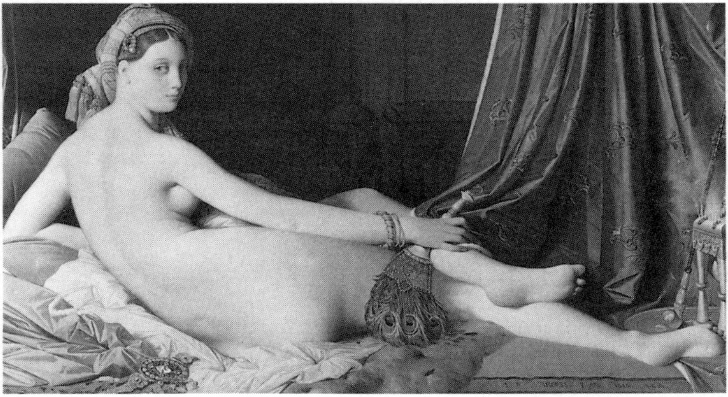

70. Ingres, *La Grande Odalisque*, 1814.

les plus réelles, les peintres, dans le Nu, trouvèrent le prétexte par excellence.

On sent bien que pour Titien, quand il dispose une Vénus de la chair la plus pure, mollement assemblée sur la pourpre dans la plénitude de sa perfection de déesse et de chose peinte, *peindre* fut caresser, joindre deux voluptés dans un acte sublime, où la possession de soi-même et de ses moyens, la possession de la Belle par tous les sens se fondent.

Le fusain de Monsieur Ingres poursuit la grâce jusqu'au monstre : jamais assez souple et longue l'échine, ni le col assez flexible, et les cuisses assez lisses, et toutes les courbes des corps assez conductrices du regard qui les enveloppe et les touche plus qu'il ne les voit. L'*Odalisque* tient du plésiosaure, donne à rêver de ce

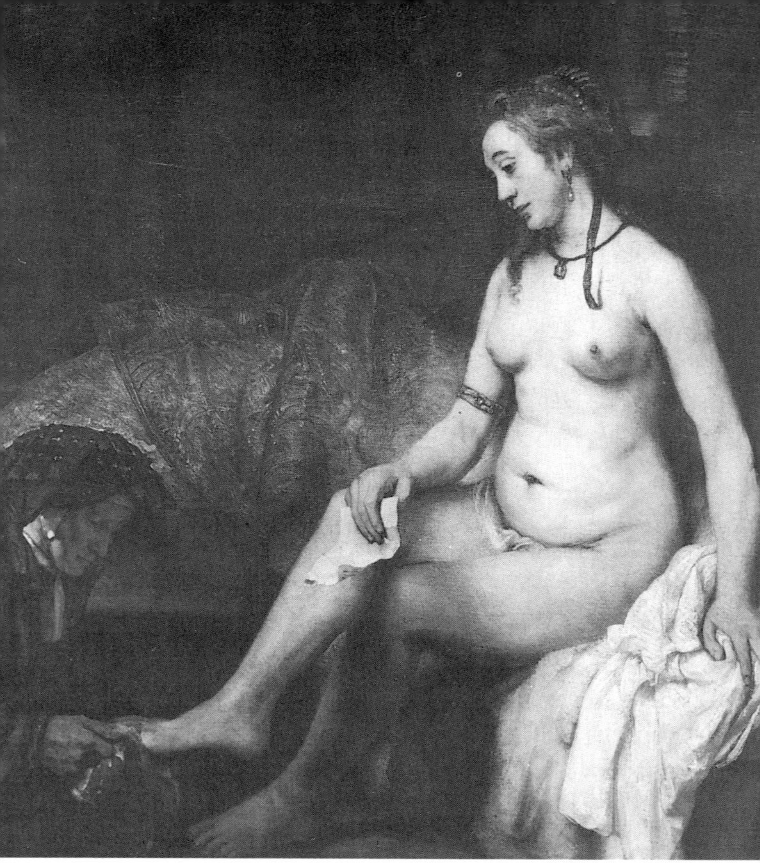

71. Rembrandt, *Bethsabée* (détail), 1654.

qu'une sélection bien dirigée eût fait d'une race de femmes spécialisée depuis des siècles dans le plaisir, comme le cheval anglais l'est dans la course.

Rembrandt sait que la chair est de la boue dont la lumière fait de l'or. Il supporte et accepte ce qu'il voit : les femmes sont ce qu'elles sont. Il n'en trouve guère que d'obèses ou de décharnées. Même les quelques

72. Degas, *La baigneuse couchée*, 1885.

belles qu'il a peintes le sont par je ne sais quelle émanation de vie plus que par forme. Il ne craint pas les ventres pesants, plissés en tabliers de peau épaisse et grasse, les membres gros, les mains rouges et lourdes, les visages très vulgaires. Mais ces croupes, ces panses, ces tétines, ces masses charnues, ces laiderons et ces servantes qu'il fait passer de la cuisine à la couche des dieux et des rois, il les imprègne ou les effleure d'un soleil qui n'est qu'à lui, il mélange comme personne le réel, le mystère, le bestial et le divin, le *métier* le plus subtil et le plus puissant, et le sentiment le plus profond, le plus solitaire que la peinture ait jamais exprimé.

Degas, toute sa vie, cherche dans le Nu, observé sous toutes ses faces, dans une quantité incroyable de poses, et jusqu'en pleine action, le système unique de lignes qui *formule* tel moment d'un corps avec la plus grande précision, mais aussi la plus grande généralité possible. La

73. Degas, *Étude de nu pour « Sémiramis »*, vers 1860.

grâce ni la poésie apparente ne sont pas ses objets. Ses ouvrages ne chantent guère. Il faut laisser quelque trace au *hasard* dans le travail pour que certains charmes agissent, exaltent, s'emparent de la palette et de la main... Mais lui, essentiellement volontaire, jamais satisfait de ce qui vient du premier jet, l'esprit terriblement armé pour la critique et trop nourri des plus grands maîtres, ne s'abandonne jamais à la volupté naturelle. J'aime cette rigueur. Il est des êtres qui n'ont pas la sensation d'agir, d'avoir accompli quoi que ce soit s'ils ne l'ont fait contre soi-même. C'est là peut-être le secret des hommes vraiment vertueux.

Au Louvre, un jour, je parcourais avec Degas la grande galerie. Nous nous sommes arrêtés devant une importante toile de Rousseau qui représente magnifiquement une allée de chênes énormes.

Après un temps d'admiration, j'observai avec quelle conscience et quelle patience le peintre, sans rien perdre du grand effet des masses de feuillage, avait exécuté le détail infini ou produit l'illusion suffisante de ce détail au point de faire penser à un labeur infini.

« C'est superbe, dis-je, mais quel ennui de faire toutes ces feuilles... Ce doit être rudement embêtant...

— Tais-toi, me dit Degas, si ce n'était pas embêtant, ce ne serait pas amusant. »

Le fait est que l'on ne *s'amuse* guère plus de cette laborieuse sorte, et je n'avais que naïvement traduit la répugnance croissante des hommes pour tout travail d'allure monotone ou qui doit s'accomplir par actes peu différents longtemps répétés. La machine a exterminé la patience.

74. Degas, *Étude de nu :*
Deux femmes couchées et étude de jambes, vers 1890-1895.

Une œuvre était pour Degas le résultat d'une quantité indéfinie d'études, et puis, d'une *série d'opérations*. Je crois bien qu'il pensait qu'une œuvre ne peut jamais être dite *achevée*, et qu'il ne concevait pas qu'un artiste pût revoir un de ses tableaux après quelque temps sans ressentir le besoin de le reprendre et d'y remettre la main. Il lui arrivait de se ressaisir de toiles depuis longtemps accrochées aux murs chez ses amis, de les remporter dans son antre, d'où rarement elles revenaient. Certains, dont il était le familier, en arrivaient à cacher ce qu'ils avaient de lui.

Il y aurait à philosopher beaucoup sur ces questions. Deux problèmes, en particulier, se lèvent en ce point. Pour tel artiste donné, que représente son ouvrage ? Passion ? Divertissement ? Moyen ou fin ? Pour les uns, il domine leur vie ; pour les autres, il se confond avec elle. Selon ces natures, les uns passent aisément d'une œuvre à l'autre, déchirent ou vendent, et commencent toute autre chose ; certains, au contraire, s'acharnent, s'attaquent, corrigent et s'enchaînent : ils ne peuvent lâcher la partie, sortir du cercle de leurs gains et de leurs pertes : ce sont des joueurs qui doublent la mise de durée et de volonté.

L'autre problème naît du premier. Que pense (ou que pensait), de soi-même, tel artiste ?

Quelle idée se faisait de ce qui est pour nous sa *maîtrise*, un Vélasquez, un Poussin, un des Douze Dieux de l'Olympe des Musées ? Mon problème est insoluble. L'eût-on posé à eux-mêmes et eussent-ils répondu, nous pourrions douter de la réponse, même la plus sincère, car la question va plus loin, ou plus avant, que toute *sincérité*. L'idée que l'on se fait de soi et qui joue un rôle essentiel dans une carrière toute fondée sur les forces que l'on se sent, ne se développe ni ne s'exprime clairement à la conscience. Elle varie, d'ailleurs, comme ces forces, qui s'exaltent, s'exténuent, renaissent pour si peu.

Tout insoluble qu'il est, ce problème me semble réel et utile à poser.

75. Degas, vers 1903.

Politique de Degas

Degas avait ses idées politiques. Elles étaient simples, péremptoires, essentiellement parisiennes. Il trouvait à Rochefort un *bon sens* miraculeux. Quand vint Drumont, il s'en faisait tous les matins lire l'article. Il devint enragé au moment de l'Affaire Dreyfus. Il se rongeait les ongles. Au moindre indice, il devinait, il éclatait, il rompait net : « Adieu, Monsieur... » et il tournait à jamais le dos à l'adversaire. De très anciens et très intimes amis furent ainsi *coupés* par lui, sans délai, ni recours.

La politique à la *Degas* était nécessairement noble, violente, impossible comme lui.

Il avait jadis connu Clemenceau dans les coulisses de l'Opéra, où ce personnage curieusement égoïste, jacobin absolu, aristocrate des plus méprisants, persifleur universel, sans amis, fors Monet, mais ayant des fidèles, dur, aimant d'être craint, capable d'aimer un peuple, de le roidir jusqu'au salut, homme de plaisir, d'orgueil, de péril, fréquentait. Il adorait la France et méprisait tous les Français...

C'était le temps que pesaient sur le Parlement, sur les ministres, sur la presse, des soupçons indéfiniment renouvelés de corruption, de collusion, de vénalité ou de complaisances illicites. Des noms passaient de bouche en bouche ; et de poche en poche, des listes. Tout deve-

76

77

nait possible, était cru, ineffaçable dans les esprits. Plus on était sceptique, plus crédule aux pires rumeurs. Les écrivains et les artistes, qui voyaient d'assez loin ces désordres, en jouissaient selon leur nature, faisaient des *mots* terribles, élaboraient leurs dégoûts, distillaient des sentiments populaires, une essence d'anarchie pure et d'autocratisme parfait.

Degas, l'homme du monde le plus dédaigneux des suffrages, le plus ignorant des affaires, le plus insensible aux charmes du lucre, jugeait du pouvoir, comme si les conditions véritables du pouvoir eussent jamais permis de l'exercer en toute pureté, dans un grand style.

Comme tant d'autres, il était dupe de l'histoire et des historiens qui donnent la politique pour un art et pour

76. Henri Rochefort, 1895. Photo de Nadar.
77. Édouard Drumont, 1892. Photo de Nadar.

78. *Dégradation militaire de Dreyfus*, 31 janvier 1895.

une science, ce qu'elle ne peut passer pour être que dans les livres, moyennant des artifices de perspective, des divisions arbitraires et quantité de conventions dont les unes ressemblent à celles du théâtre, et les autres à celles du jeu des échecs. Il est vrai que cette illusion réagit sur la réalité et y produit des effets sensibles, généralement désastreux.

79. Manet, *Portrait de Clemenceau*, 1879.

Degas pouvait donc imaginer un homme d'État idéal, passionnément pur, et gardant, pour faire son œuvre, à l'égard des gens et des circonstances, la même liberté farouche et la même rigueur de *principes* que lui-même gardait dans son art.

Un soir qu'il se trouva auprès de Clemenceau, tous deux assis sur la même banquette, au foyer de la Danse, il l'entreprit... Il m'a conté cette conversation, ou plutôt ce monologue, une quinzaine d'années après.

Il développa sa conception haute et puérile. Que, s'il fût au pouvoir, la grandeur de sa charge dominerait tout à ses yeux, qu'il mènerait une vie ascétique, garderait le logement le plus modeste, rentrerait tous les soirs, du ministère à son cinquième... Etc.

« Et Clemenceau, lui dis-je, qu'est-ce qu'il vous a répondu ?

— Il m'assena un regard... d'un mépris !... »

Une autre fois, rencontrant encore Clemenceau à l'Opéra, il lui dit qu'il était allé le jour même à la Chambre : « Je ne pouvais, durant toute la séance, dit-il, détacher mes yeux de la petite porte de côté. Je me figurais toujours que le paysan du Danube allait entrer par là...

— Voyons, Monsieur Degas, riposta Clemenceau, nous ne l'aurions pas laissé parler... »

80. Degas, *Danseuses ajustant leurs chaussons* (détail), vers 1883.

Mimique

Il y avait en Degas une curieuse sensibilité pour la *mimique*. D'ailleurs, les danseuses et repasseuses qu'il a traitées, il les a saisies dans des attitudes professionnelles significatives, ce qui lui a permis de renouveler la vision des corps et d'analyser quantité de poses dont les peintres jamais ne s'étaient occupés avant lui. Il délaissa les belles personnes mollement couchées, les délectables Vénus et Odalisques ; il ne chercha pas à établir sur un lit quelque obscène et souveraine Olympia, brutale comme un fait. La chair, soit d'or, soit blanche, ou carminée, ne sembla point l'exciter à la peindre. Mais il s'acharna à reconstruire l'animal féminin spécialisé, esclave de la danse, ou de l'empois, ou du trottoir ; et ces corps, plus ou moins déformés, auxquels il fait prendre des états de leur structure articulée très instables (comme de rattacher un chausson, de presser des deux poings de fer sur le linge), font songer que tout le système mécanique d'un être vivant peut *grimacer* comme un visage.

Si je faisais de la critique d'art, je crois bien que je risquerais ici une hypothèse à triple racine. Je tenterais d'expliquer cette *manière mimique de voir* chez Degas par la coexistence de trois conditions. Il y a d'abord ce sang napolitain dont j'ai parlé : la mimique est de Naples, où il n'est point de paroles sans gestes, de récits

81. Degas, *Les repasseuses*, vers 1884.

sans imitations, de personne sans sa multitude de personnages, toujours possibles et toujours prêts.

J'observerais ensuite que le problème de Degas, c'est-à-dire le parti qu'il dut prendre à l'âge des décisions d'un artiste, en présence des tendances du jour, des écoles et des styles rivaux, il le résolut en adoptant les formules simplificatrices du « réalisme ». Il abandonna Sémiramis et les fabrications du genre noble pour s'attacher à regarder ce qui se voit.

Mais il avait beaucoup trop de culture et d'esprit pour se résoudre à n'être qu'un observateur sans choix et un

82. Degas, *Sémiramis construisant Babylone*, vers 1860-1865.

exécutant purement révolutionnaire qui prétend abolir tout ce qui fut et tout remplacer par soi-même. Degas porta dans ses études du réel le souci qui fait les « classiques ». C'est là ma troisième condition.

Un désir passionné de la ligne unique qui détermine une figure, mais cette figure trouvée dans la vie, dans la rue, à l'Opéra, chez la modiste, et même en d'autres lieux ; mais encore, figure surprise dans son pli le plus spécial, à tel instant, jamais sans action, toujours expressive, me résument, tant bien que mal, Degas. Il tenta et osa tenter de combiner l'instantané et le labeur infini

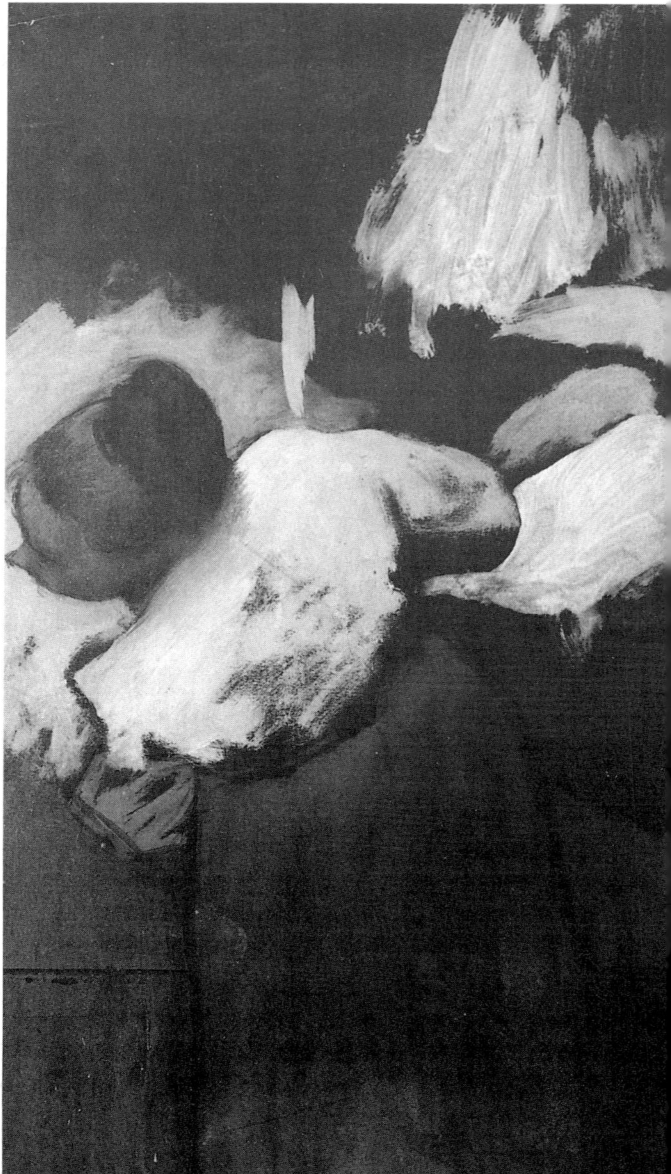

83. Degas, *Les blanchisseuses*, vers 1876-1878.

84. Degas, *Place de la Concorde*, vers 1875.

85. Degas, *Le café-concert des Ambassadeurs*, vers 1876-1877.

86. Degas, *Femmes à la terrasse d'un café* (détail), vers 1877.

87. Degas, *Chez la modiste*, 1883.

dans l'atelier, d'en fermer l'impression dans l'étude approfondie ; et l'immédiat, dans la durée de la volonté réfléchie.

Quant à la sensibilité mimique dont je parlais, j'essaierai d'en donner un exemple.

Degas, de plus en plus solitaire et morose, ne sachant que faire de ses soirées, avait imaginé de les passer, pendant la belle saison, sur les *impériales* des tramways ou des omnibus. Il montait ; il se laissait mener jusqu'au bout de la course ; et, de ce terminus, reconduire jusqu'au plus près de chez lui. Il me raconta, un jour, une observation qu'il avait faite la veille sur son impériale. Elle est une de ces observations qui peignent surtout l'observateur. Il disait donc qu'une femme étant venue s'asseoir non loin de lui, il remarqua le soin qu'elle prenait d'être bien assise et bien arrangée. Elle passa les mains sur sa robe, la déplissa, se disposa et s'enfonça pour mieux épouser la courbure de la banquette ; elle tira sur ses gants au plus près de ses mains, les boutonna avec soin, se passa la langue sur les lèvres qu'elle se mordilla un peu, se remua dans son vêtement, pour se sentir tout à l'aise, et fraîche dans le linge tiède. Enfin, elle tendit sa voilette, après s'être pincé légèrement le bout du nez, remit une boucle en bonne place d'un doigt preste, et non sans avoir vérifié d'un coup d'œil le contenu de son sac, parut conclure cette série d'opérations en prenant la mine d'une personne qui a terminé son ouvrage, ou qui, ayant fait tout ce qu'on peut faire d'humain avant d'entreprendre, a l'esprit en repos et s'en remet à Dieu.

Le tramway branlait et allait. La dame, définitivement installée, demeura bien cinquante secondes dans cette

étude mimiq d'1 femme ds 1 tramway

88. Degas, *Illustration pour « Mimes des courtisanes » de Lucien*, 1934.

perfection de tout son être. Mais au bout de ce temps qui dut lui paraître éternel, Degas (qui mimait à merveille ce que je décris à grand'peine) la voit insatisfaite : elle se redresse, fait jouer son cou dans son col, fronce un peu les narines, essaie une moue ; puis, reprend ses rectifications d'attitude et d'ajustement, la robe, les gants, le nez, la voilette... Tout un travail *bien personnel*, suivi d'un nouvel état d'équilibre apparemment stable, mais qui ne dure qu'un moment.

Degas, de son côté, me reprenait sa pantomime. Il était ravi. Il se mêlait à son contentement quelque misogynie. J'ai parlé tout à l'heure d'animal féminin : je crains d'avoir bien dit. Huysmans n'a-t-il pas écrit qu'il peignait les danseuses avec horreur ? Huysmans exagérait ; mais, à part quelques personnes fort rares, auxquelles il trouvait toute la grâce et tout l'esprit que ce raffiné pouvait souhaiter, Degas jugeait sans doute le sexe d'après ses modèles ordinaires considérés dans les attitudes que j'ai dites. Il ne mettait aucune complaisance à les embellir.

Je ne sais quelle a été son histoire sentimentale : nos jugements sur les dames se ressentent souvent de nos expériences.

Il faut être une sorte de sage pour ne s'en prendre qu'à soi-même quand les affaires de ce genre ne nous laissent que des dégoûts, de l'amertume, et quelquefois bien pis encore. Mais le caractère de Degas me donne à penser que sa vie passée était pour peu de chose dans sa manière de réduire la femme à ce qu'il en faisait dans ses ouvrages. Son noir regard ne voyait rien en rose.

Digression

Je ne sais pas d'art qui puisse engager plus d'*intelligence* que le dessin. Qu'il s'agisse d'extraire du complexe de la vue la trouvaille du *trait*, de résumer une structure, de ne pas céder à la main, de *lire* et de *prononcer en soi* une forme avant de l'*écrire* ; ou bien que l'invention domine le moment, que l'idée se fasse obéir, se précise, et s'enrichisse de ce qu'elle devient sur le papier, sous le regard, tous les dons de l'esprit trouvent leur emploi dans ce travail, où paraissent non moins fortement tous les caractères de la personne quand elle en a.

Qui ne mesure l'intellect et la volonté de Léonard ou de Rembrandt après un examen de leurs dessins ? Qui ne voit que l'un est à placer parmi les plus grands philosophes ; l'autre, parmi les moralistes et mystiques les plus *intérieurs* ?

Je prétends que si des traditions ou routines scolaires ne nous empêchaient de voir *ce qui est*, et n'assemblaient les types d'esprit selon leurs modes d'expression, au lieu de les réunir par ce qu'ils ont à exprimer, une *Histoire Unique des Choses de l'Esprit* remplacerait les histoires de la Philosophie, de l'Art, de la Littérature et des Sciences.

Dans une telle histoire analogique, Degas se placerait assez bien entre Beyle et Mérimée. Ni le goût de la

89

90

musique italienne, ni l'horreur des spéculations du genre allemand, ni le partage du désir entre la diversité *romantique* et la simplicité classique, ni les jugements nets, radicaux, exterminateurs, ni les manies, ne lui manquent pour figurer auprès de Stendhal. Son dessin traite les corps aussi amoureusement et durement que Stendhal fait les caractères et les mobiles des gens. Tous deux admiraient Raphaël, et le *beau idéal* tenait dans l'un et dans l'autre son rôle d'étalon-de-valeur absolu.

89. Dedreux d'Orcy, *Portrait de Stendhal*, 1840.
90. Mérimée, vers 1865. Photo d'Émile Robert.

Autre digression

Il plane sur l'art moderne une suspicion d'ignorance ou d'impuissance que les plus étranges *recherches* excitent bien plus sûrement qu'elles ne la dissipent.

L'invention a disparu. La composition s'est réduite à l'arrangement.

Il est plus simple de disposer heureusement une vitrine de soieries ou un bouquet, que d'organiser une scène de personnages où non moins d'*harmonie* doit coïncider avec les formes imposées et l'expression. Telle *fête de l'œil* est *aussi* une *bataille*...

Presque rien désormais n'est fait sans modèle. Presque tout est fait sans études ; ou plutôt, presque tout n'est qu'études, mais encore, études inutilisables ! Une bonne étude doit être plus poussée qu'aucun tableau, et demeurer dans la pénombre de l'atelier. Jamais en vente, jamais au Musée.

Comment en est-on arrivé à ce point de relâchement ?

C'est d'abord que l'idée de *hiérarchie* entre les œuvres et entre les genres s'est exténuée. Si deux prunes sur une assiette *valent* une Descente de Croix ou une Bataille d'Arbelles, et peuvent valoir *infiniment* plus ; si un croquis de X vaut *infiniment* plus qu'une immense toile de Y, — c'est-à-dire si le résultat l'emporte sur le problème, — ces jugements, quoique justes et inévitables, cependant diminuent peu à peu le *poids* des éléments

Degas
M.N

92. Degas, *Étude de mains pour « La famille Belleli »*, vers 1868.

d'appréciation qui ne sont pas purement *subjectifs*. (« L'Académisme » n'est, au fond, qu'une conservation, plus ou moins consciente, des *critères*, plus ou moins illusoires, de jugements *objectifs* : anatomie, perspective, ressemblances, vision commune des couleurs, etc.)

Conséquence : accroissement du nombre des mauvais peintres, car la dépréciation de mes fameux critères *objectifs* a pour premier effet de supprimer toutes les *difficultés* (au moins conventionnelles) de l'art. Personne ne *s'amuse* plus à étudier soigneusement et avec des réflexions qui peuvent mener fort loin, (Léonard), une étoffe jetée sur une chaise, une feuille, une main... ni à puiser dans ce tête-à-tête avec l'objet, sans hâte et sans utilité prochaine, une certaine science de soi-même, de la manœuvre combinée de son intellect, de son désir, de sa vue et de sa main à propos d'une *chose donnée*... et

◄ 91. Degas, *Étude de drapé pour « Sémiramis »*, vers 1860.

93. Degas, *Étude de danseuse au repos*, 1880-1885.

le public absent. (Ce dernier point est capital : il ne faut chercher à étonner que soi-même.)

Autre récompense :

La littérature est devenue maîtresse toute-puissante, créatrice ou destructrice des réputations. *La valeur ou l'estime accordée à une œuvre de peinture dépend* (pour un certain temps) *du talent de l'écrivain qui l'exalte ou l'abîme.* Il n'est pas de chose informe, de niaiserie coloriée, d'anamorphoses arbitraires qu'on ne puisse imposer à l'attention et jusqu'à l'admiration, par voie descriptive ou explicative et, en se fondant toujours sur le fait (vingt fois vérifié au XIXe siècle) d'un retour d'opinion qui place au rang des chefs-d'œuvre l'ouvrage incompris et ridiculisé dans un premier temps et qui multiplie par mille son prix de vente initial.

C'est ainsi que la malheureuse Peinture s'est vue en proie aux méthodes promptes et puissantes de la Politique et de la Bourse.

Nous avons contracté cette curieuse habitude de tenir pour médiocre tout artiste qui ne commence par choquer et par être suffisamment injurié ou moqué. Qui ne nous heurte ou ne nous fait hausser les épaules est imperceptible. On en conclut qu'il faut choquer et l'on s'y consacre. Une bonne étude de l'art moderne devrait mettre en évidence les solutions trouvées de cinq ans en cinq ans au *problème du choc*, depuis deux ou trois quarts de siècle...

Je vois dans tout ceci le danger de la facilité, et je trouve l'idée de l'art de moins en moins unie à celle du développement le plus complet d'une personne, et par là, de quelques autres.

Degas et le sonnet

Vers la fin du siècle XIX, le *sonnet*, peu estimé, mal exécuté par les Romantiques, fut remis à la mode. On en fit beaucoup d'admirables, et quantité d'inutiles. Il fallut revenir d'abord à la rigueur des règles, ce dont les Parnassiens se chargèrent. Ensuite, Verlaine, Mallarmé et quelques autres introduisirent dans cette figure antique et stricte des effets d'une grâce ou d'une concentration inouïes.

Rien, en littérature, n'est plus propre que le sonnet à opposer la volonté à la velléité, à faire sentir la différence de l'intention et des impulsions avec l'ouvrage achevé ; et surtout, à contraindre l'esprit de considérer le *fond* et la *forme* comme des conditions égales entre elles. Je m'explique : il nous enseigne à découvrir qu'une forme est féconde en *idées*, paradoxe apparent et principe profond d'où l'analyse mathématique a tiré quelque partie de sa prodigieuse puissance.

De grands poètes ont dédaigné ou déprécié le sonnet, ce qu'il n'entame ni sa valeur ni leurs mérites. Il suffit de répondre à ces dédains ou à ces railleries de divers lyriques ennemis des contraintes, que Michel-Ange et Shakespeare, qui n'étaient point de petits esprits, ont rimé dans toutes les règles les quatrains et les tercets qui s'assemblent dans cette forme canonique.

Michel-Ange, qui a écrit :

◄ 94. Degas, *Illustration pour « Degas Danse Dessin »*, de Paul Valéry, 1934.

« Non ha l’ottimo artista alcun concetto
Ch’un marmo solo in se non circonscriva, »

Il ne vient à l’artiste excellent point d’idée
Qu’un seul marbre ne suffise à contenir,

eût pu prescrire dans les mêmes termes les rapports du sonnet avec un poète accompli.

Mais que vient faire ici le sonnet ?

C’est que Degas en a laissé une vingtaine de remarquables. Je ne sais comment cette fantaisie lui passa par l’esprit. Fut-il tenté par les exploits d’Heredia, et peut-être par ce qu’il entendait dire du labeur et du temps sans mesure qu’exige un bon sonnet ? Il ne prisait que ce qui coûte ; le travail en soi l’excitait. Celui du poète, s’il consiste à chercher par des approximations successives un texte qui satisfasse à des conditions assez précises, dut lui paraître comparable au travail du dessinateur tel qu’il le concevait. Mais peut-être fit-il ses premiers vers par plaisanterie ou parodie.

Il y avait en lui, d’ailleurs, un homme de lettres qui se manifestait assez par les *mots* qu’il faisait, et par les citations de Racine ou de Saint-Simon qui lui venaient assez souvent.

S’étant mis aux sonnets, il consultait Heredia ou Mallarmé, leur soumettait les difficultés, les cas de conscience, les conflits du poème avec le poète.

Un jour, m’a-t-il conté, dînant chez Berthe Morisot avec Mallarmé, il se plaignit à lui du mal extrême que lui donnait la composition poétique : « Quel métier ! criait-il, j’ai perdu toute ma journée sur un sacré sonnet,

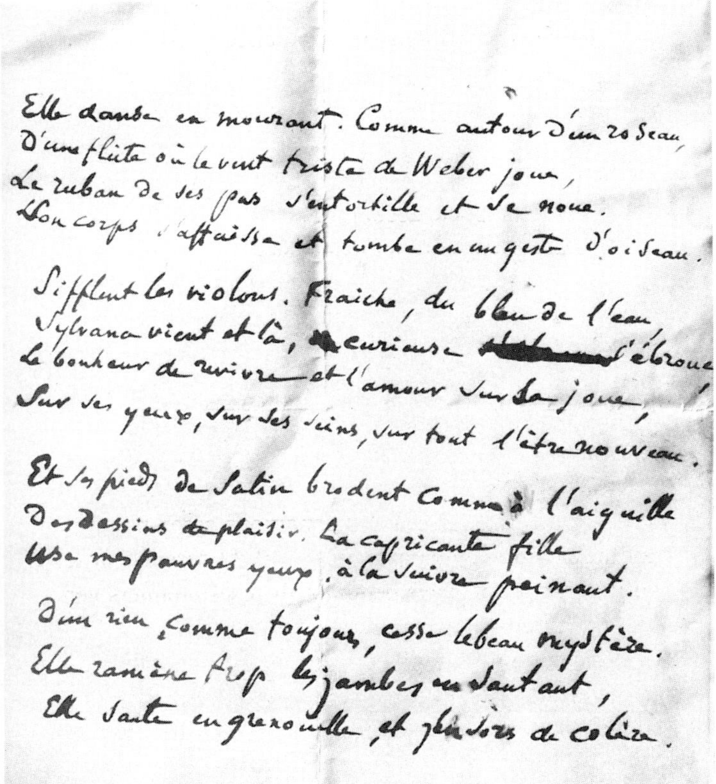
Elle danse en mourant. Comme autour d'un roseau
D'une flûte où le vent triste de Weber joue,
Le ruban de ses pas s'entortille et se noue.
Son corps s'affaisse et tombe en un geste d'oiseau.

Sifflent les violons. Fraîche, du bleu de l'eau
Sylvana vient et là, curieuse s'ébroue
Le bonheur de revivre et l'amour sur sa joue,
Sur ses yeux, sur ses seins, sur tout l'être nouveau.

Et ses pieds de satin brodent comme à l'aiguille
Des dessins de plaisir. La capricante fille
Use mes pauvres yeux, à la suivre peinant.

D'un rien, comme toujours, cesse le beau mystère.
Elle ramène trop les jambes en sautant,
Elle saute en grenouille, et j'en sors de colère.

95. Sonnet manuscrit de Degas.

96. Mallarmé en 1896. Photo de Nadar.

sans avancer d'un pas... Et cependant, ce ne sont pas les idées qui me manquent... J'en suis plein... J'en ai trop... »

Et Mallarmé, avec sa douce profondeur : « Mais, Degas, ce n'est point avec des idées que l'on fait des vers... *C'est avec des mots.* »

C'était le seul *secret.* Il ne faut pas croire qu'on en puisse saisir la substance sans quelque méditation.

Degas disant du dessin qu'il était *la manière de voir la forme*, Mallarmé enseignant que *les vers sont faits de mots*, résumaient, chacun dans son art, ce que l'on ne peut pleinement et utilement entendre « si on ne l'a déjà trouvé ».

La plupart des sonnets de Degas se rapportent aux objets favoris de son crayon ou de son pinceau : danseuses, cheval de sang, impressions de l'Opéra ou du champ de courses. Cette seule circonstance leur donnerait un intérêt particulier, car les poètes professionnels n'ont guère songé à exploiter le turf ni le plateau, si ces poèmes n'étaient par eux-mêmes d'excellente et originale qualité.

La combinaison d'une certaine *maladresse* avec le sentiment très net (et que l'on devait attendre d'un artiste de cette espèce raffinée) des ressources du langage travaillé, fait l'agrément de ces petites pièces très serrées, pleines de traits inattendus, où l'on trouve de l'humour, de la satire, des vers délicieux, un mélange bizarre et rare, combinant du Racine et des boutades, des tours parnassiens ajustés à certaines vivacités irrégulières, et parfois de l'excellent Boileau...

Je ne doute pas que cet amateur qui a su peiner sur son ouvrage et par là pressentir à travers les résistances et les désobéissances du *métier*, le mystère même ou l'essence de notre art, n'eût fait, s'il s'y fût tout donné, un poète des plus remarquables, du type 1860-1890.

Les obstacles sont les signes ambigus devant lesquels les uns désespèrent, les autres comprennent qu'il y a quelque chose à comprendre.

Mais il en est qui ne les voient même pas...

97. Degas, *Autoportrait*, vers 1854.

Degas, fou de dessin...

Degas, fou de dessin, anxieux personnage de la tragicomédie de l'Art Moderne, divisé contre soi-même, d'une part, travaillé par un souci aigu de *vérité*, avide des nouveautés plus ou moins heureuses qui s'introduisaient dans la vision des choses comme dans les procédés de la peinture ; d'autre part, possédé d'un génie rigoureusement classique dont il a passé sa vie à analyser les conditions d'élégance, de simplicité et de style, Degas m'offrait tous les traits de l'artiste pur, incroyablement ignorant de tout ce qui, dans la vie, ne peut ni figurer dans une œuvre, ni la servir directement ; et, par là, souvent enfantin à force de naïveté, mais parfois jusqu'à la profondeur...

Le travail, le Dessin étaient devenus chez lui une passion, une discipline, l'objet d'une mystique et d'une éthique qui se suffisaient à elles seules, une préoccupation souveraine qui abolissait toutes autres affaires, une occasion de problèmes perpétuels et précis qui le délivrait de toutes autres curiosités. Il était et voulait être un spécialiste, dans un genre qui peut s'élever à une sorte d'universalité.

Âgé de *soixante-dix ans*, il dit à Ernest Rouart :

98. Degas, *Autoportrait*, vers 1854.

99. Degas, *Étude pour « Les malheurs de la ville d'Orléans »* (détail), 1864.

« Il faut avoir une haute idée, non pas de ce qu'on fait, *mais de ce qu'on pourra faire un jour* ; sans quoi, ce n'est pas la peine de travailler. »

À soixante-dix ans...

Voilà le véritable orgueil, antidote de toute vanité. Comme le joueur est poursuivi par des combinaisons de parties, hanté la nuit par le spectre de l'échiquier ou du tapis sur quoi les cartes s'abattent, obsédé d'images tactiques et de solutions plus vivantes que réelles, ainsi l'artiste essentiellement artiste.

Un homme qui n'est pas possédé d'une *présence* de cette intensité est un homme inhabité : un terrain vague.

L'amour, sans doute, et l'ambition, comme la soif du lucre, peuplent puissamment une vie. Mais l'existence d'un but positif, la certitude d'être proche ou lointain, atteint ou non, que comporte un tel but, fait de ces passions des passions *finies*. Au contraire, le désir de créer quelque ouvrage où paraisse plus de puissance ou de perfection que nous n'en trouvons en nous-mêmes, éloigne indéfiniment de nous cet objet qui échappe et s'oppose à chacun de nos instants. Chacun de nos progrès l'embellit et l'éloigne.

L'idée de posséder entièrement la pratique d'un art, de conquérir la liberté d'user de ses moyens aussi sûrement et légèrement que de nos sens et de nos membres dans leurs usages ordinaires, est de celles qui tirent de certains hommes une constance, une dépense, des exercices et des tourments infinis.

Un grand géomètre me disait qu'il faudrait vivre deux vies : l'une pour acquérir la possession de l'instrument mathématique ; l'autre, pour s'en servir.

Flaubert, Mallarmé, dans des genres et selon des modes bien différents, sont des exemplaires littéraires de la consécration totale d'une vie à l'exigence totale imaginaire, qu'ils prêtaient à l'art de la plume.

Quoi de plus admirable que la vertu et la passion de Baucher, voué au cheval, fou d'équitation et de dressage, jusqu'à la minute de sa mort, plus belle que celle de Socrate, quand il dépense son dernier souffle à donner un dernier conseil à son disciple favori. Il lui dit : « Le bridon, c'est si beau... » Et lui prenant la main, la plaçant comme il fallait selon lui : « Je suis heureux, dit-il, de vous donner encore ça avant de mourir. »

Parfois ces grandes passions de l'esprit poussent l'âme au dédain des œuvres extérieures, que l'on néglige au profit de l'accumulation des puissances de les produire. Cette avarice est paradoxe ; mais s'explique ou par certaines profondeurs de désir, ou par amour de résultats dont on est jaloux et dont on craint aussi que le vulgaire ne se moque ou n'abuse...

Une des plus belles scènes (à imaginer) de la Comédie de l'Esprit est cette grande et singulière *sortie* que Michel-Ange aurait faite à Léonard en lui reprochant violemment de se perdre en des recherches et curiosités infinies au lieu de créer et de multiplier les ouvrages, *preuves de sa valeur.* L'Homme de la Cène eût pu répondre d'étranges et profondes choses à l'Homme du Jugement... Ils n'avaient pas du tout la même idée de l'art. Peut-être Léonard voyait-il dans les œuvres un *moyen,* — ou plutôt une manière de spéculer par les actes, — sorte de Philosophie nécessairement supérieure à celle qui se borne à des combinaisons formées de termes non définis et dépourvues de sanctions positives.

Mais cette scène est sans doute inventée, ce qui, d'ailleurs, ne change rien à son intérêt et donc à son *existence.* Je ne sais ce que c'est que la *vérité historique* ; tout ce qui n'est plus est faux.

Suite du précédent

Il se peut que le Dessin soit la plus obsédante tentation de l'esprit... Est-ce même de l'esprit qu'il faut dire ? Les choses nous regardent. Le monde visible est un excitant perpétuel : tout réveille ou nourrit l'instinct de s'approprier la figure ou le modelé de la chose *que construit le regard.*

Ou bien le désir de former de plus près l'image ébauchée dans l'esprit fait saisir le crayon, et voici s'engager une étrange partie parfois furieusement menée, dans laquelle ce désir, le hasard, les souvenirs, la science et les inégales facilités qui sont dans la main, l'idée et l'instrument se combinent, font des échanges dont les traits, les ombres, les formes, les apparences d'êtres et de lieux, l'œuvre enfin, sont les effets plus ou moins heureux, plus ou moins prévus...

Il arrive que ce dessin d'invention enivre l'exécutant, devienne une action forcenée qui se dévore elle-même, s'alimente, s'accélère, s'exaspère d'elle-même, un mouvement de fougue qui se hâte vers sa jouissance, vers la possession de ce qu'on veut *voir.*

Tout l'arbitraire de l'esprit, comme tout le vide de l'espace à couvrir, sont attaqués, envahis, occupés par une nécessité de plus en plus précise et exigeante.

C'est une merveille que le peu qu'il faut à l'*âme de l'esprit* pour qu'elle rende tout ce qu'elle attend et

◄ 100. Degas, *Étude pour le portrait de Manet*, vers 1864.

engage toutes les puissances de ses réserves *pour être soi-même*, qu'elle sent bien qu'elle n'est pas, tant qu'elle n'est pas très différente de son état le plus ordinaire. Elle ne veut pas se réduire à être ce qu'elle est le plus fréquemment.

Quelques gouttes d'encre et une feuille de papier, matière qui permet l'addition et la coordination d'instants et d'actes, y suffisent...

Moralité

En tous genres, l'homme vraiment *fort* est celui qui sent le mieux que rien n'est donné, qu'il faut tout construire, tout acheter ; et qui tremble quand il ne se sent pas d'obstacles ; qui en crée...

Chez celui-ci, la forme est une décision motivée.

Péché d'envie

Degas avait le *mot* fort dur, et imposait l'injustice par la justesse.

Comme il brillait, un soir, de tous ses feux cruels, je me sentis brûlé de quelque envie.

(Cependant, il m'appelait *l'Ange*, quelquefois. Je n'ai jamais su comment il l'entendait.)

Je ne pus m'empêcher de lui dire :

« Vous autres, peintres, vous passez tout le jour à votre chevalet ; mais toute une partie de votre temps s'organise entre l'œil et la main, et vous laisse l'esprit fort libre, hors de ce *court-circuit.* Vous mélangez vos pâtes et vos véhicules, vous cuisinez vos tons, vous couvrez, vous grattez... Or, pendant ce loisir intellectuel, la Malice travaille ! Elle choisit, assemble, aiguise, en vue de la soirée. Le crépuscule vient ; la palette est raclée... Gare aux traits sans pitié trempés dans un fiel pur par un peintre qui sait qu'il doit dîner en ville...

À table, l'écrivain ébloui vous écoute muet. Tout son esprit est demeuré sur son papier. Il ne lui reste que des restes... »

101. Meissonier modelant une figurine de cheval, vers 1880.

Quelques « mots » et divers traits

Se trouvant un jour aux courses près de Detaille, celui-ci lui emprunta sa lorgnette. Detaille, se retournant pour rendre l'objet, Degas lui dit : « On dirait un Meissonier, n'est-ce pas ? » Haut-le-corps de l'autre, qui ne répondit rien, naturellement.

Il disait encore de Meissonier qui était aussi petit que sa peinture, et jouissait alors d'une grande vogue : « C'est le géant des nains ! »

Étant un jour au café avec des *pompiers* qu'il connaissait plus ou moins, car il avait des relations dans tous les camps, un d'eux lui dit :

« Voyons ! trouvez-vous vraiment que Corot dessine bien un arbre ?

— Je vais vous étonner, dit Degas, il dessine encore bien mieux une figure !

— Laissez-le, dit le troisième, il va encore vous sortir une de ses folies. »

Pour revenir à ses idées générales sur la peinture, il disait toujours que l'Art est une convention, que le mot Art implique la notion d'artifice.

Par contre, pour exprimer que l'art, si abstrait fût-il, avait besoin de revenir de temps à autre aux impressions

102. Édouard Detaille en 1876. Photo de Nadar.

directes reçues de la nature, il arrangeait à sa façon la fable d'Antée :

Hercule, ayant vaincu le géant, au lieu de l'étouffer complètement, desserrait son étreinte en lui disant : « Revis, Antée ! » et lui laissait reprendre contact avec le sol.

Il disait aussi : « La peinture n'est pas bien difficile quand on ne sait pas... Mais, quand on sait... oh ! alors !... C'est autre chose ! »

Il aimait beaucoup citer les mots d'Ingres sur la pein-

103. Corot en 1860. Photo de Nadar.

ture et le dessin ; leur concision lui plaisait fort, et il les opposait aux phrases souvent un peu trop recherchées et à prétention littéraire que Delacroix écrivait, touchant les Arts, l'Esthétique, la Philosophie, etc...

Sévère pour soi-même, il rapportait avec un certain plaisir ce qu'un critique avait dit de lui dans un compte rendu d'exposition : « Incertitude constante dans les proportions. »

Rien ne peignait mieux, prétendait-il, son état d'esprit tandis qu'il était en train de travailler et de peiner sur un ouvrage.

Encore sur le dessin qui était sa constante préoccupation :

« Il ne faut pas confondre le dessin et la mise en place, choses totalement différentes. » Selon lui, le grand mérite de Monsieur Ingres était d'avoir réagi par l'arabesque de la forme contre le dessin uniquement de proportions, en pratique alors dans l'école de David.

Après une représentation de Faust !... La loge du cabotin (Faure) était pleine d'admirateurs qui s'extasiaient sur son talent : « Admirable, sublime, incomparable, etc. !

— Et si simple ! ! ! » lance une voix du fond de la pièce. C'était Degas.

Faure, se retournant furieux : « Vous me la paierez, celle-là, mon petit ! »

Et, de fait, il la lui fit payer par mille tracasseries, lui envoyant l'huissier pour des tableaux qu'il n'avait pas livrés à temps, etc...

Il racontait de manière amusante et très vivante certains souvenirs de sa prime jeunesse, par exemple, cette scène entre ses parents pendant le déjeuner.

Sa mère, agacée par certaines paroles de son père, se met à tapoter nerveusement le bord de la table avec ses doigts, disant : « Auguste ! Auguste ! »

Le père se tient coi et, le repas terminé, enfile la porte, met un manteau sur ses épaules, et se glisse sans bruit dans l'escalier.

Il contait aussi une promenade qu'il fit en Touraine avec son chien (il n'avait pas encore l'horreur de ces bêtes). Il faisait très chaud, le chien, suffoqué par la chaleur, se met à râler. Degas affolé s'enquiert d'un vétéri-

104. Degas, *Le bureau du coton à La Nouvelle-Orléans* (détail), 1873.

naire et lui fait voir le pauvre animal. L'homme trempe simplement son mouchoir dans le ruisseau, asperge d'eau le museau du chien qui revient à lui. Degas, en remerciant, demande ce qu'il doit. Le vétérinaire répond : « Que penseriez-vous de moi, Monsieur, si, pour avoir pris un peu d'eau dans un mouchoir et en avoir frotté le museau de votre chien, je vous *demanderais* de votre argent ? »

Degas répétait cette phrase avec ravissement, la donnant comme un exemple remarquable de l'élégant parler tourangeau.

Quand Degas se rendit à La Nouvelle-Orléans, après la guerre de 70, il se trouvait un peu dépaysé dans cette Amérique, où, cependant, il devait retrouver une partie de sa famille.

Degas, chien vétérinaire

105. Degas, *Groupe d'artistes.*

Il racontait qu'après la première nuit passée dans cette ville, en arrivant du Nord (New York), il fut réveillé le matin par des maçons travaillant à une maison voisine : Ohé ! Auguste ! « C'était la France ! » disait Degas, et ce cri inopiné, entendu si loin de son pays, l'avait ému profondément.

Il était très patriote, chauvin même ; Halévy le lui reprochait assez, surtout pendant l'affaire Dreyfus.

Quand il parlait de la bataille de Taillebourg, qu'il admirait beaucoup, il disait entre autres choses :

106. Delacroix, *La bataille de Taillebourg, gagnée par Saint Louis* (détail), 1837. ►

107. Léon Brunschwicg, vers 1912.

« Le bleu du manteau de Saint Louis, c'est la France ! ! ! »

Léon Brunschwicg m'a raconté qu'étant jeune étudiant en philosophie, il rencontra Degas, rue de Douai, chez Ludovic Halévy, et il lui fut présenté.

Degas, apprenant qu'il avait affaire à un métaphysicien, l'attira dans l'embrasure d'une fenêtre, et lui dit vivement : « Voyons jeune homme, SPINOZA, pouvez-vous m'expliquer cela en cinq minutes ? »

Je trouve que cette question ahurissante donne à penser. Peut-être ne serait-il pas tout à fait anti-philosophique, ni sans conséquences intéressantes de diviser toutes les connaissances en deux classes, celles qui peuvent s'expliquer en cinq minutes et les autres...

Brunschwicg ne m'a pas dit ce qu'il avait répondu à Degas dans la fatale embrasure ; mais si j'avais été à sa place, j'aurais demandé à Degas de m'expliquer, en cinq minutes, la PEINTURE.

À propos de courses, voici une histoire qu'il aimait à raconter :

Il avait pris le train pour se rendre à un hippodrome de banlieue où il comptait dessiner des jambes de chevaux. Dans son compartiment, se trouvaient plusieurs individus d'allures un peu louches qui se mirent à jouer au bonneteau, et naturellement, l'invitèrent bientôt à prendre part au jeu. Degas se récusa, disant qu'il ne jouait pas. « Qu'est-ce que vous venez faire aux courses, si vous ne jouez pas ? » lui répliquèrent-ils d'un air menaçant. Degas, qui n'était pas très fier de la tournure que prenait l'entretien, leur dit, payant d'audace, et avec un sourire plein de sous-entendus inquiétants : « Vous seriez bien étonnés si je vous disais ce que je viens faire ici ! » Les autres, le croyant de la police, ne dirent plus un mot, et déguerpirent prestement au premier arrêt.

108. Puvis De Chavannes, *Autoportrait*, 1887.

Autres « mots »

D'un artiste dont l'austérité (esthétique) lui paraissait composer avec les conditions mondaines et politiques du *succès*, Degas disait :

« C'est encore un de ces ermites qui savent l'heure des trains. »

D'un autre qui, vers 85, faisait accepter et goûter au public des Salons un modernisme bien tempéré et de seconde ou tierce main :

« Il vole de nos propres ailes. »

Degas causait volontiers avec ses modèles.

Les modèles jouaient dans l'univers de la peinture un autre rôle encore que d'offrir leurs formes à l'analyse du regard. Certaines, comme des insectes dans un jardin, volent de fleur en fleur, fécondent, et font, au hasard, des croisements d'espèces, portaient d'atelier en atelier propos et jugements, semaient dans l'oreille de l'un la blague entendue chez l'autre.

L'une d'elles rapporte un jour à Degas que Bouguereau, jaloux du banquet que l'on allait offrir à Puvis de Chavannes, s'était écrié furieusement : « Est-ce que Raphaël a eu un banquet !... »

Degas en fit toute une charge.

Degas avait un grand faible pour Forain.

Forain disait : Mossieu D'gâs, comme Degas disait : Monsieur Ingres. Ils échangeaient leurs *mots* terribles.

110. Forain dans son atelier en 1911.

Quand Forain se construisit un hôtel, il fit poser le téléphone, alors encore assez peu répandu. Il voulut l'utiliser tout d'abord à étonner Degas. Il l'invite à dîner, prévient un compère qui, pendant le repas, appelle Forain à l'appareil. Quelques mots échangés, Forain revient... Degas lui dit : « C'est ça, le téléphone ?... On vous sonne, et vous y allez. »

découverte Degas et du téléphone

Forain

◄ 109. Forain, *Dans les coulisses* (détail), vers 1906-1907.

Réflexion sur le paysage et bien d'autres choses

Le paysage fut d'abord un fond de campagne sur lequel quelque chose se passait. Je crois que les Hollandais les premiers s'y intéressèrent pour lui-même, ou pour les belles vaches qu'ils y exposaient.

Chez les Italiens et chez nous, il devient de l'importance d'un décor. Poussin et Claude l'ordonnent et le composent magnifiquement. Le site chante : il est à la *nature* ce que l'opéra est à l'ordinaire de la vie. On use de l'arbre, du bosquet, des eaux, des monts et des fabriques avec une liberté toute ornementale ou théâtrale. On fait toutefois des *études* très exactes et toutes comparables à celles qui se feront un siècle après. On arrive à l'extrême de la fantaisie.

La carrière du paysage imaginaire s'achève sur les papiers peints et les toiles de Jouy. La *vérité* entre en action.

De très grands *paysagistes* paraissent, qui, d'abord, gardent le souci de composer leurs ouvrages ; ils choisissent, éliminent, ajustent ; mais peu à peu, ils engagent le corps à corps avec la *nature telle quelle*.

Ils travaillent de moins en moins dans l'atelier ; de plus en plus aux champs. Ils luttent contre la solidité ou

◄ 111. Cuyp, *Paysage avec un pâtre gardant les vaches* (détail). École hollandaise

112. Poussin, *Apollon amoureux de Daphné* (détail), 1664.

113. Le Lorrain, *Paysage marin avec Acis et Galatée* (détail), 1657.

115. Cézanne, *La montagne Sainte-Victoire*, 1900-1906.

la fluidité même des choses ; certains s'en prennent à la lumière, veulent saisir l'heure, l'instant ; substituer aux formes finies une enveloppe de reflets, d'éléments du spectre subtilement dosés.

Certains, au contraire, maçonnent ce qu'ils voient.

C'est ainsi que l'intérêt du paysage s'est progressivement déplacé. D'accessoire d'une action, plus ou moins commandé par elle, il est devenu lieu de merveilles, séjour d'une rêverie, plaisir des yeux distraits... Puis, l'impression l'emporte : *Matière* ou *Lumière* dominent.

Que cherchait-on ds le paysage ?

◄ 114. Corot, *Chemin sous les arbres au printemps*, 1860-1870.

116. Van Gogh, *Les meules*, 1888.

On observe alors que le domaine de la peinture est envahi en quelques années par les images d'un monde sans hommes. La mer, la forêt, les campagnes à l'état désert satisfont la plupart des yeux. Il s'ensuit quantité de conséquences remarquables.

L'arbre et les terrains nous étant beaucoup moins familiers que les animaux, l'arbitraire augmente dans l'art, les simplifications, même grossières, se font habituelles. Nous serions choqués si l'on figurait une jambe ou un bras comme l'on fait une branche. Nous distinguons fort mal entre le possible et l'impossible en fait de formes minérales ou végétales. Le paysage donne donc de grandes *facilités.* Tout le monde se mit à peindre.

Autre reflet : la figure humaine, jadis objet d'un traitement de choix — au point que l'anatomie s'était introduite, depuis Léonard, parmi les connaissances exigibles

117. Monet, *Paysage à Nanteuil* (détail), 1879. ▶

118. Renoir, *L'arbre près de la ferme*, 1912.

d'un artiste, — s'est vue assimilée à un objet quelconque : l'éclat, le grain de la peau font dédaigner la modulation des formes ; toute expression disparaît des visages, toute intention en est absente. *Et le portrait périclite.*

Enfin, *le développement du paysage semble bien coïncider avec une diminution singulièrement marquée de la partie intellectuelle de l'art.*

Le peintre n'a plus grand-chose à raisonner. Ce n'est pas que l'on n'en trouve de fort nombreux qui spéculent sur l'esthétique et la technique de leur métier : mais je crois qu'il en est fort peu pour calculer *telle œuvre* qu'ils

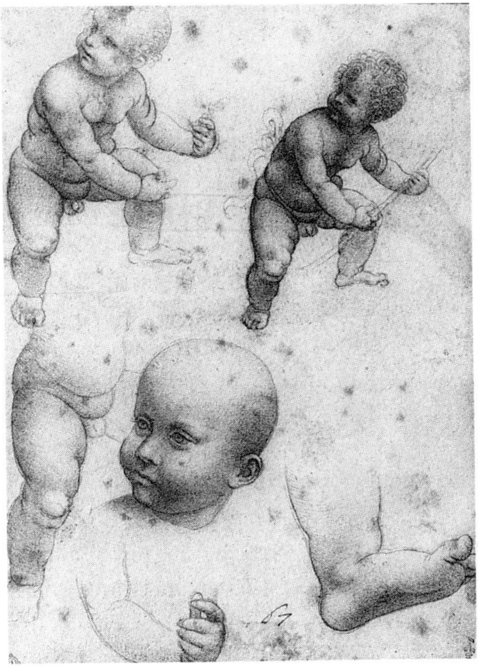

119. Léonard de Vinci (attribué à), *Études d'enfants pour « Sainte Anne, la Vierge et l'Enfant » du Louvre.*

veulent faire. Rien ne les y contraint, puisque tout se ramène au paysage ou à la *nature morte* ; lesquels ont été réduits eux-mêmes à un divertissement d'*intérêt local.* Le temps n'est plus où un artiste ne pensait pas perdre son temps en méditant, par exemple, sur les mouvements ou les attitudes propres aux femmes, aux vieillards, aux petits enfants, en *écrivant* ses remarques avant de se les fixer dans l'esprit. Je ne dis pas que l'on ne puisse s'en passer. Je dis que le *grand art* ne se passe point d'inutilités de ce genre, et je dis qu'il y a un *grand art.* J'y reviendrai peut-être tout à l'heure.

Tout ce que je viens d'exposer dans l'ordre de la peinture trouve dans l'ordre des Lettres une merveilleuse similitude : l'invasion de la Littérature par la *description* fut parallèle à celle de la Peinture par le *paysage* ; de même sens que celle-ci et de même conséquence.

Dans les deux cas, le succès fut dû à l'intervention de grands artistes, et conduisit identiquement à une certaine « capitis diminutio ».

Une *description* se compose de phrases que l'on peut, en général, *intervertir* : je puis décrire cette chambre par une suite de propositions dont l'ordre est à peu près indifférent. Le regard erre comme il veut. Rien de plus naturel, rien de plus *vrai*, que ce vagabondage, car... *la vérité, c'est le hasard...*

Mais si cette latitude, et l'accoutumance à la facilité qu'elle comporte, en vient à dominer dans les ouvrages, elle dissuade peu à peu les écrivains d'user de leurs facultés abstraites, comme elle réduit à rien chez le lecteur la nécessité de la moindre attention, pour le *séduire* aux seuls *effets instantanés*, à la *rhétorique du choc...*

Ce mode de créer, légitime en principe et auquel tant de fort belles choses sont dues, mène, comme l'abus du paysage, *à la diminution de la partie intellectuelle de l'art.*

Ici, plus d'un s'exclamera que peu importe ! Je crois, quant à moi, qu'il importe assez que l'œuvre d'art soit l'acte d'un *homme complet.*

Mais comment se peut-il que l'on donnât jadis tant d'importance à ce qui est tenu si naturellement pour négligeable de nos jours ? On étonnerait bien un amateur, un connaisseur du temps de Jules II ou de Louis XIV en lui apprenant que presque tout ce qu'il considérait comme l'essentiel de la peinture est aujourd'hui non seulement négligé, mais radicalement absent des préoccupations du peintre et des exigences du public. Même, plus ce public est-il *raffiné*, plus il est *avancé*, c'est-à-dire éloigné des anciens idéaux dont je parle. Mais c'est de l'*homme total* que l'on s'éloigne ainsi. L'homme complet se meurt.

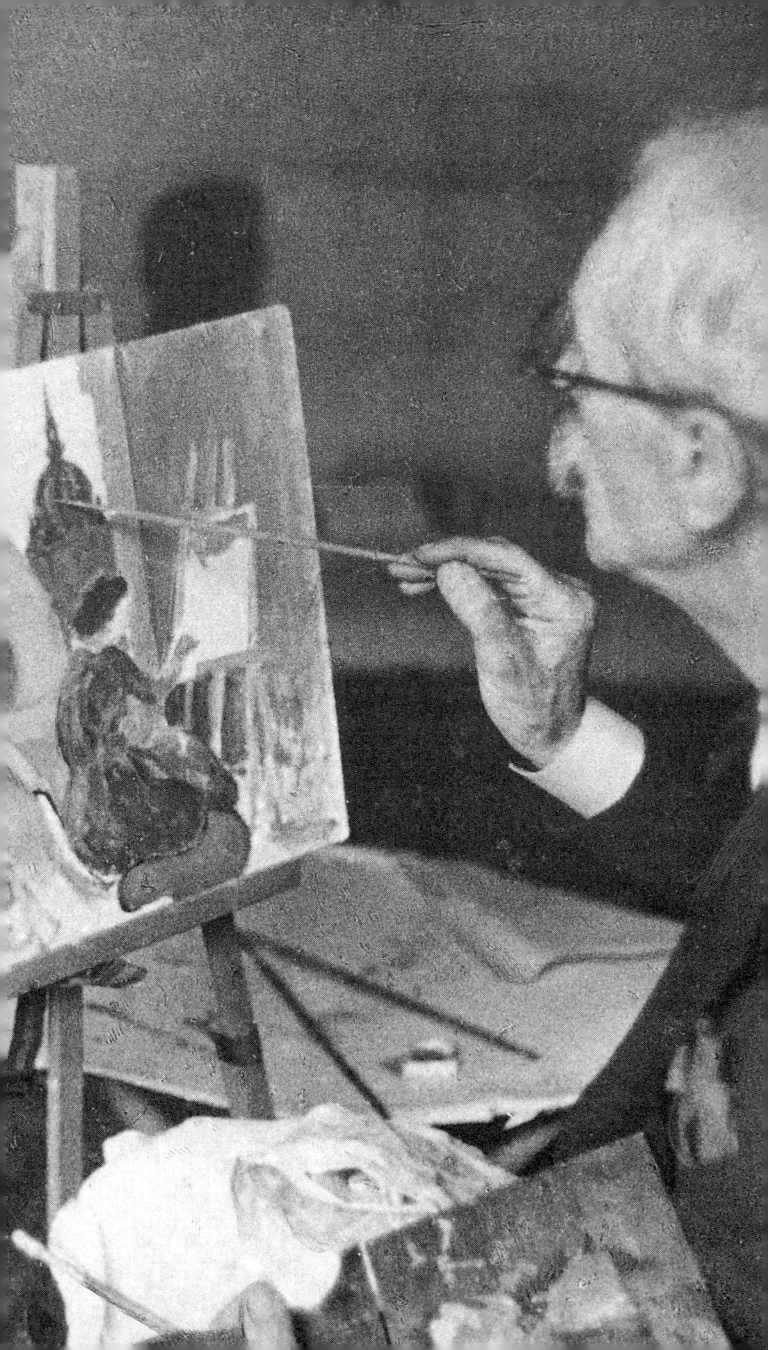

Art moderne et grand art

L'art moderne tend à exploiter presque exclusivement la sensibilité *sensorielle*, aux dépens de la sensibilité générale ou affective, et de nos facultés de construction, d'addition des durées et de transformation par l'esprit. Il s'entend merveilleusement à exciter l'attention et use de tous moyens pour l'exciter : intensités, contrastes, énigmes, surprises. Il saisit parfois, par la subtilité de ses moyens ou l'audace de l'exécution, certaines proies très précieuses : des états très complexes ou très éphémères, des valeurs *irrationnelles*, sensations à l'état naissant, résonances, *correspondances*, pressentiments d'une instable profondeur... Mais nous payons ces avantages.

Qu'il s'agisse de politique, d'économie, de manières de vivre, de divertissements, de mouvement, j'observe que l'allure de la modernité est toute celle d'une *intoxication. Il nous faut augmenter la dose*, ou *changer de poison.* Telle est la loi.

De plus en plus *avancé*, de plus en plus *intense*, de plus en plus *grand*, de plus en plus *vite*, et toujours plus *neuf*, telles sont ces exigences, qui correspondent nécessairement à quelque endurcissement de la sensibilité. Nous avons besoin, pour nous sentir vivre, d'une intensité croissante des agents physiques et de perpétuelle diversion... Tout le rôle que jouaient, dans l'art de jadis, les considérations de *durée* est à peu près aboli. Je pense

◄ 120. Paul Valéry peignant.

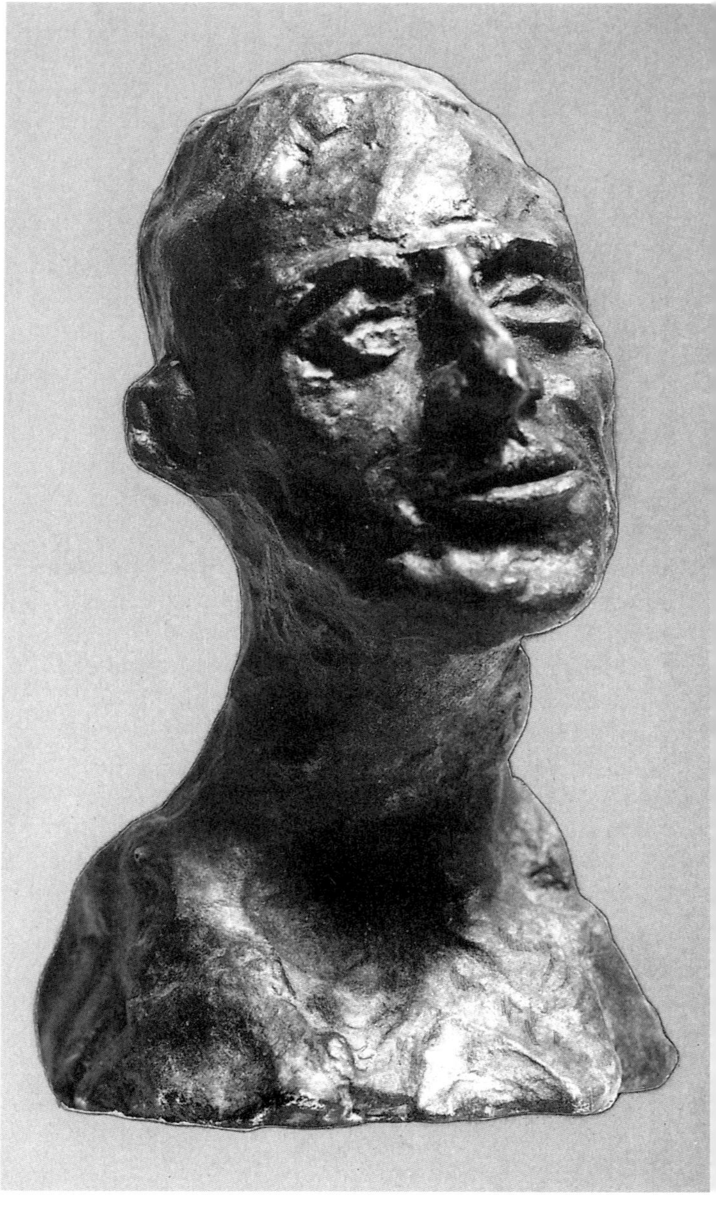

121. Paul Valéry, *Buste d'homme*, 1930.

que personne ne fait rien aujourd'hui pour être goûté dans deux cents ans. Le ciel, l'enfer, et la postérité ont beaucoup perdu dans l'opinion. D'ailleurs, nous n'avons plus le temps de prévoir ni d'apprendre...

. . . .

Ce que j'appelle « Le Grant Art », c'est simplement l'art qui exige que *toutes les facultés* d'un homme s'y emploient, et dont les œuvres sont telles que *toutes les facultés* d'un autre soient invoquées et se doivent intéresser à les comprendre...

Qu'y a-t-il de plus admirable que le passage de l'arbitraire au nécessaire, qui est l'acte souverain de l'artiste, auquel un besoin, qui peut être aussi fort et préoccupant que le besoin de faire l'amour, le pousse ? Rien de plus beau que l'extrême volonté, l'extrême sensibilité et la science (la véritable, celle que nous avons faite, ou refaite pour nous), conjointes, et obtenant, pendant quelque durée, cet *échange* entre la fin et les moyens, le hasard et le choix, la substance et l'accident, la prévision et l'occasion, la matière et la forme, la puissance et la résistance, qui, pareil à l'ardente, à l'étrange, à l'étroite lutte des sexes, compose toutes les énergies de la vie humaine, les irrite l'une par l'autre, et *crée.*

122. Léger, *Contraste de formes*, 1913.

Raccourci de la peinture

Si une certaine peinture convient à une époque, l'époque suivante voit dans cette convenance, une convention.

Le *temps,* (qui a bon dos en matière d'explications), fait apparaître conventionnel ce qui semblait nature et nécessité.

Le *Démon du changement-pour-le-changement* est le vrai père de bien des choses...

Il nous jette du *beau* dans le *vrai*, du *vrai* dans le *pur*, du *pur* dans l'*absurde*, et de l'*absurde* dans le *plat.*

Il chante de siècle en siècle son grand air de l'*Invocation à la Nature*, une fois au moins par cent ans. Mais *ce n'est jamais la même Nature.*

Cela fait toujours quelque effet. Mais encore, sitôt qu'il a vu quelque foule autour de soi, le voici qui s'esquive, se transforme et vient murmurer dans le groupe. Il souffle çà et là dans les oreilles que la Nature, elle aussi, est une convention. Il commence d'opposer l'*impressionnisme* au *réalisme.* Il suggère qu'il n'y a point d'*objets*, qu'il faut s'interdire d'exprimer autre chose que les propriétés de la rétine... Tout se met à vibrer.

À peine la lumière laborieusement reconstituée sur les toiles, il se plaint aussitôt qu'elle mange toutes les formes, qu'il n'y a plus dans ce monde chromatique, que des fantômes, des feuillages papillotants, des flaques

123. Braque, *Maison à l'Estaque*, 1908.

écaillées, des ombres de bâtisses, et d'ailleurs, peu d'êtres vivants. Alors, de je ne sais quelle réserve, si profonde que les plus vieilles vieilleries qui en ressortent, en ressortent nouveautés, il tire une *sphère*, un *cône* et un *cylindre* ; et finalement un *cube*, qu'il gardait pour la bonne bouche.

124. Picasso, *Étude pour « Les Demoiselles d'Avignon »*, 1907.

125. Picasso, *Peintre travaillant*.

Il propose de tout *construire* avec ces solides, ou jouets d'enfants géomètres. L'univers du peintre devient exprimable en polyèdres et en corps ronds. Il n'est de seins, de cuisses, de joues, de chevaux, ni de vaches que l'on ne puisse bâtir de ces durs éléments. Il en résulte des nus terribles. L'amour, sans doute, fuit ces blocs dont les angles l'effraient.

C'est sur quoi comptait ce Démon, qui sournoisement se retourne vers le Guide et vers l'Albane : les Grâces et les Nymphes, les Madones suaves en lait d'amande, les Vénus doucement palpables, que l'on croyait à l'infini, semblent poindre déjà à l'horizon du possible de la peinture.

126. Degas, *Autoportrait* (détail), 1854-1855.

Romantisme

Il y a des coexistences merveilleuses, que l'on peut comparer à des accords dissonants, qu'enrichissent encore des différences savoureuses de timbres.

Degas *et* Renoir ; Monet *et* Cézanne ; comme il y avait Verlaine *et* Mallarmé...

La richesse de cette époque de Paris !... La quantité d'inventions en peinture et en poésie entre 1860 et 1890 !... Nous avons vu la fin de ce beau concert d'hommes et d'idées. Dirai-je mon sentiment ?

Cette période de trente ans paraîtra plus heureuse et plus importante que celle qui, de 1825 à 1855, comprend le fameux romantisme.

C'est que tous ou presque tous les « Romantiques » étaient empoisonnés de légendes et d'histoire, qui leur étaient aussi indifférentes dans le fond, qu'excitantes ou séduisantes par les dehors. Les plus grands d'entre eux traînent des armures, des caparaçons, des chapelets et des narghilés, tout un vain matériel de théâtre et de carnaval, et une collection d'idoles, d'âmes absurdes et naïvement excessives, qu'ils se donnaient et échauffaient de leur mieux.

Un véritable Romantique est sur toute chose un acteur. La simulation, l'exagération (qui est simulation par l'intensité de l'expression), la facilité, où tombent

127. Corot sur le motif.

128. Renoir à Cagnes-sur-Mer en 1907.

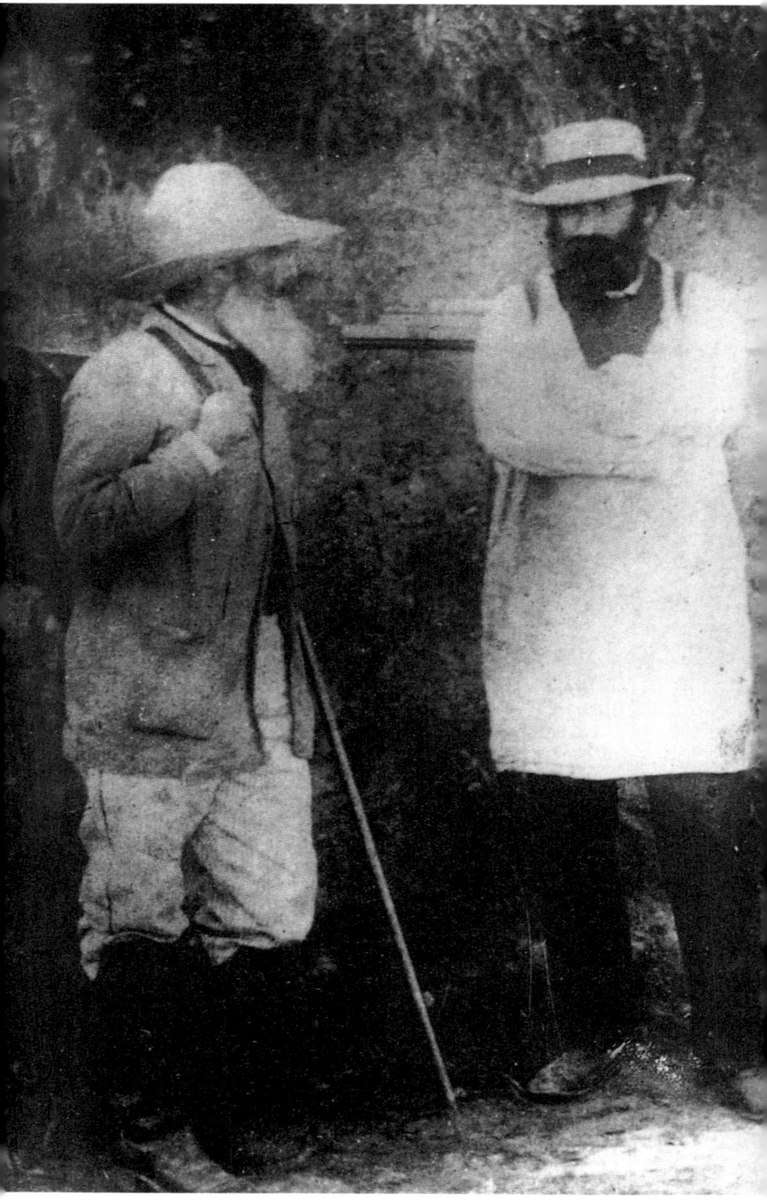

129. Pissarro et Cézanne vers 1890.

130. Monet devant les nymphéas vers 1910.

131. Victor Hugo à Guernesey en 1870.

toujours ceux qui ne visent qu'à produire des sensations immédiates, sont les vices de ce moment des arts.

Il est remarquable que ceux d'entre eux dont un siècle presque écoulé n'a pas exténué la gloire, sont aussi les mêmes chez qui la volonté de labeur, la passion du *métier* lui-même, le désir d'acquérir une science de leurs moyens de plus en plus solide et subtile, ne furent pas

132. Verlaine au café en 1896. Photo de Dornac.

des vertus négligées et sacrifiées aux erreurs de leur temps. Hugo, Delacroix, en témoignent. *Plus ils vont, plus ils savent, et savent qu'ils savent.*

Les vers faits par Hugo à soixante-dix ans écrasent tous ceux qu'il avait faits dans le reste de sa vie.

Chez d'autres, au contraire, le meilleur est des premiers temps. Il est aussi du premier jet.

Le dessin n'est pas la forme...

Degas aimait à parler peinture et ne souffrait guère qu'on en parlât.

Il ne le souffrait pas le moins du monde de la part des hommes de lettres. Il faisait profession de leur imposer silence. Il avait en réserve à leur adresse je ne sais plus quel aphorisme de Proudhon sur la « gent de lettres »...

Comme je n'écrivais point, et qu'il répétait trop souvent l'aphorisme, je n'étais point choqué. Il m'amusait au contraire de le mettre facilement en fureur.

Je lui disais : « Mais enfin, qu'est-ce donc que vous entendez par *le Dessin ?* »

Il répondait par son célèbre axiome : « Le Dessin n'est pas la forme, il est la manière de voir la forme. »

Ici éclatait l'orage.

Je murmurais : « Comprends pas », avec un ton qui suggérait assez que la formule me paraissait vaine et insignifiante.

Aussitôt il criait. Je m'entendais hurler que je n'y entendais rien, que je me mêlais de choses qui ne me regardaient pas...

Nous avions *raison* tous les deux. La formule signifie ce que l'on veut, et il était vrai que je n'avais aucun titre à la discuter.

◄ 133. Degas, *Danseuse à la barre*, 1884-1888.

134. Degas, *Autoportrait*, 1855.

Je soupçonnais bien ce qu'il voulait dire. Il opposait ce qu'il appelait la « mise en place », c'est-à-dire la représentation conforme des objets, à ce qu'il appelait le « dessin », c'est-à-dire l'altération particulière que la manière de voir et d'exécuter d'un artiste fait subir à cette représentation exacte, celle que donnerait, par exemple, l'usage de la chambre claire.

Cette sorte d'*erreur personnelle* fait que le travail de figurer les choses par le trait et les ombres peut être un *art*.

La chambre claire, que je prends pour *définir la mise en place*, permettrait de commencer le travail par un point quelconque, de ne pas même regarder l'ensemble, de ne pas chercher des relations entre les lignes ou les surfaces ; de ne pas agir sur la chose *vue* pour la transformer en chose *vécue*, en action de *quelqu'un*.

Or, il est des dessinateurs, dont il ne faut pas nier le mérite, qui ont la précision, l'égalité et la vérité de la chambre claire. Ils en ont aussi la froideur, et plus ils seront proches de la perfection de leur métier, moins pourra-t-on discerner l'ouvrage de l'un de celui de l'autre. Il en est tout au contraire des *artistes*. La valeur de l'artiste tient à certaines *inégalités* de même sens ou de même tendance, qui révèlent à la fois, à l'occasion d'une figure, d'une scène ou d'un paysage, la *facilité*, les *volontés*, les *exigences*, la puissance de transposition et de reconstitution de *quelqu'un*. Rien de tout ceci ne se trouve dans les *choses* ; et ne se trouve jamais le même dans deux individus différents.

La « manière de voir » dont parlait Degas doit donc s'entendre largement et inclure : *manière d'être*, *pouvoir*, *savoir*, *vouloir*...

Il répétait souvent ce mot qu'il tenait, je crois, de Zola, et Zola de Bacon, et qui définit l'Art : *Homo additus naturae*. Il ne reste plus qu'à donner un sens à chacun de ces termes...

135. Manet, *Berthe Morisot au chapeau noir*, 1872.

Souvenirs de Berthe Morisot sur Degas

Voici quelques propos de Degas, tenus à la table de Berthe Morisot et notés par elle sur un carnet[1].

Degas a dit que l'étude de la nature était insignifiante, la peinture étant un art de convention, et qu'il valait infiniment mieux apprendre à dessiner d'après Holbein ; qu'Édouard[2] lui-même, quoiqu'il se targuât de copier servilement la nature, était le peintre le plus maniéré du monde, ne donnant jamais un coup de pinceau sans penser aux maîtres, ne faisant, par exemple, pas d'ongles aux mains, parce que Frans Hals ne les dessinait pas. [Degas me semble ici commettre une erreur. Hals fait des ongles, même à Descartes.]

(Au dîner, avec Mallarmé) : L'Art c'est le faux ! et il explique comment un artiste ne l'est qu'à ses heures, par un effort de volonté. Les objets ont le même aspect pour tous...

Degas dit : « l'orangé colore, le vert neutralise, le violet ombre ».

Degas avait conseillé à Charpentier de faire au moment du jour de l'an une édition du « Bonheur des

1. (Communication de Madame Ernest Rouart.)
2. Édouard Manet.

Dames » avec des échantillons d'étoffes et de passementeries en regard. Mais Charpentier n'a pas compris. Il (Degas) professe pour le caractère si humain *de la jeune demoiselle de magasin, la plus vive admiration. Selon lui, Zola n'a fait* l'Œuvre *que pour prouver la grande supériorité de l'homme de lettres sur l'artiste ; le malheureux peintre meurt de sa tentative de* nu *dans la vie réelle.*

Se trouvant un jour à un bout de la table où Goncourt, Zola et Daudet parlaient de leurs affaires, Degas restait silencieux. « Hé bien ! lui dit Daudet, vous nous méprisez ! — Je vous méprise comme peintre », répondit-il.

Il rappelle un mot d'Édouard Manet lui présentant P. Alexis :

« Il fait des cafés d'après nature ! »

Le langage des arts

Degas tenait pour le langage de son art.

Ce langage, ni celui d'aucun art, n'est un modèle de précision : il suffit aux artistes qu'ils se comprennent juste assez pour ne pas s'entendre. Il en est de même des philosophes.

Degas tenait à l'argot des peintres, par un certain goût des arcanes. Il voyait dans la peinture une discipline toute spéciale, des mystères, un ésotérisme technique ; et il ne détestait pas qu'un vocabulaire dont la pratique, ses besoins et les réflexions qu'elle engendre, donnaient seuls la clé, égarât le profane, et singulièrement l'indiscret de *Lettres*...

Rien de plus traditionnel que de cacher ce que l'on sait de précieux. Mon éminent confrère des Inscriptions, Alexandre Moret, nous apprend qu'en Égypte « tout office ou métier pouvait être secret en dehors de gens de métier ».

Je ne vois d'abord que des avantages dans cette jalousie qui s'oppose au désir de chacun de raisonner sur tout. Personne ne se dit, quand une opinion nous vient aux lèvres à la première vue de quoi que ce soit : « Si j'avais pratiqué longtemps dans cet ordre, réfléchi vingt ans sur ceci, compulsé les ouvrages qui en traitent, aurais-je le même sentiment ? Jugerais-je ce livre, ce tableau, cette

136. Paul Valéry à sa table de travail, vers 1942.

137. Paul Valéry, Page de cahier, sa table de travail.

politique, comme je fais, d'un coup d'esprit, dans l'instant même ? Que vaut ma promptitude ? »

Mais pour qu'un langage particulier et quelque peu voilé ne soit que d'un bon usage, il faudrait qu'il se réduisît à désigner ce qui appartient seulement et précisément à l'exercice même de l'art. Il n'en est pas ainsi. Le langage du pays des Arts est troublé de toute une métaphysique qui se mêle trop intimement aux pures notions du métier. Tandis que celles-ci sont nettes et stables par elles-mêmes, et désignent des propriétés ou des procédés sensibles et communicables, cette partie métaphysique dérive du sentiment, de divers *à-peu-près* immémoriaux, de la mode, et de la contre-mode, et elle enfante ce genre de débats que rien ne peut trancher. Il existe nombre de mots qui sont comme chargés de la transmission du vague, d'âge en âge...

On reconnaît, au contraire, les problèmes réels, à ce caractère que quelque expérience les termine, ou, du moins, les peut terminer. Et l'on reconnaît les notions utiles à ceci : qu'elles permettent d'exprimer ces problèmes réels en toute précision.

Quoi de plus beau et de plus positif que le langage de la marine ou que celui de la grande vénerie ? Celui-ci, par exemple, ne contient que les noms de ce que l'on peut *voir* et *faire* en matière de chasse, tout ce qu'il faut pour nommer exactement les connaissances d'une bête à courre, les traces et vestiges qu'elle laisse après elle, jusqu'à permettre de décrire ses fumées, que l'on doit flairer et emporter dans la corne de son chapeau, ou dans le pavillon de sa trompe. Mais il n'est rien dans ce noble vocabulaire, pas plus que dans celui des marins, qui engage l'esprit insensiblement dans la moindre métaphysique, car il ne s'agit, dans ces arts, que d'atteindre à l'exécution la plus prompte et la plus sûre, dans les circonstances les plus diverses. On sait ce que l'on veut.

De tels langages tendent à exprimer exactement le moindre détail, tandis que celui des grands arts tire toujours vers des incertitudes éternelles et d'invincibles ambiguïtés. On discute encore comme si l'on n'eût, jusqu'ici, jamais peint, dessiné ou écrit. Le *style*, la *forme*, la *Nature*, la *Vie*, et d'autres noms de chances d'erreurs, viennent se jouer des esprits et former devant eux une infinité de combinaisons excitantes et vaines, cependant qu'on ne peut rien entendre ni lire de précis sur ce qui est. Je n'ai jamais rien vu de sûr et d'ordonné sur le dessin, par exemple, qui est avant tout un art complexe, dont l'analyse optique et motrice n'a été faite, ni même entreprise, à ma connaissance.

Si elle eût existé, la célèbre formule de Degas, « la manière de voir la forme », eût été toute différente : elle aurait dit ce qu'il voulait dire, et non ce que chacun peut lui donner pour sens.

Mais voici la plus fâcheuse conséquence de l'*impureté* de la langue des grands arts : elle mène à ne plus savoir ce que l'on veut. Rien de plus étonnant que certains propos ou programmes d'artistes, tout chargés de philosophie, de considérations parfois mathématiques et souvent naïves, invoquées en vue de préparer à l'intelligence de leurs œuvres et de disposer le public à en soutenir la vue. Mais c'est, au contraire, la *vue*, qui, dans les arts, doit par soi seule introduire la jouissance, et, s'il y a quelque idée à suggérer, y conduire par ses percep-

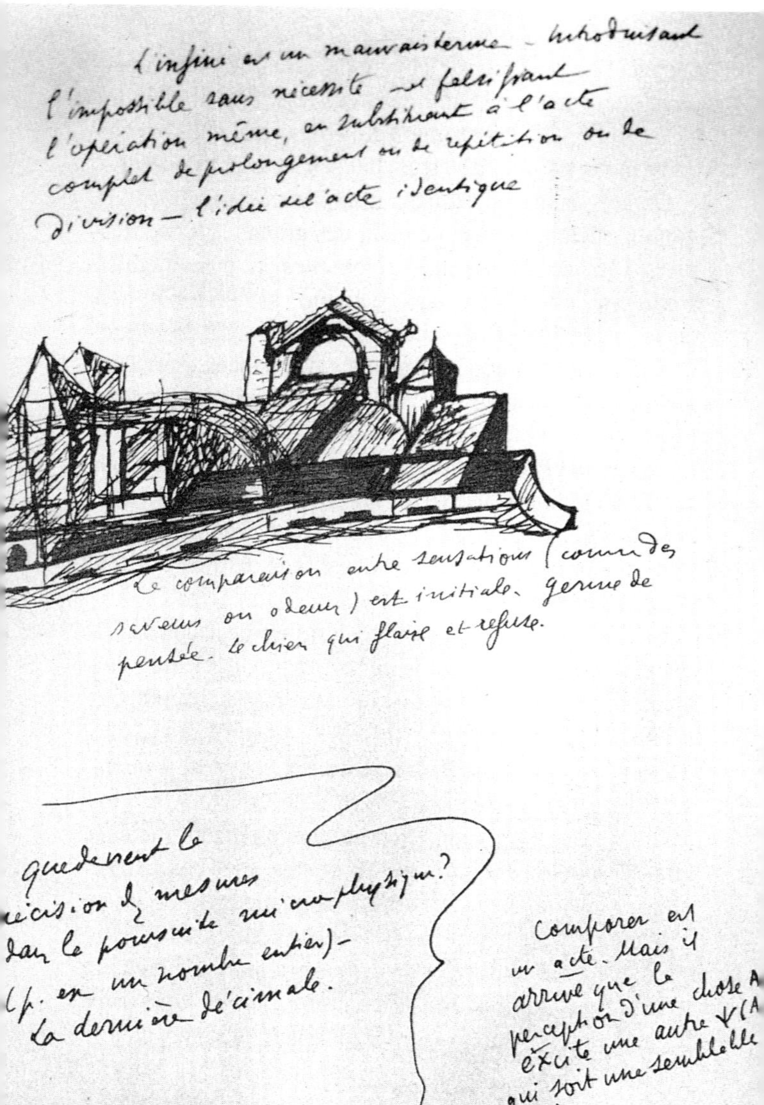

L'infini est un mauvais terme — introduisant l'impossible sans nécessité — et falsifiant l'opération même, en substituant à l'acte complet de prolongement ou de répétition ou de division — l'idée de l'acte identique

La comparaison entre sensations (comme des saveurs ou odeurs) est initiale. Germe de pensée. Le chien qui flaire et refuse.

que devient la [p]récision des mesures dans la poursuite microphysique?
(p. ex un nombre entier) —
La dernière décimale.

Comparer est un acte. Mais il arrive que la perception d'une chose A excite une autre ∀(A qui soit une semblable de A.

138. Paul Valéry, Page de cahier.

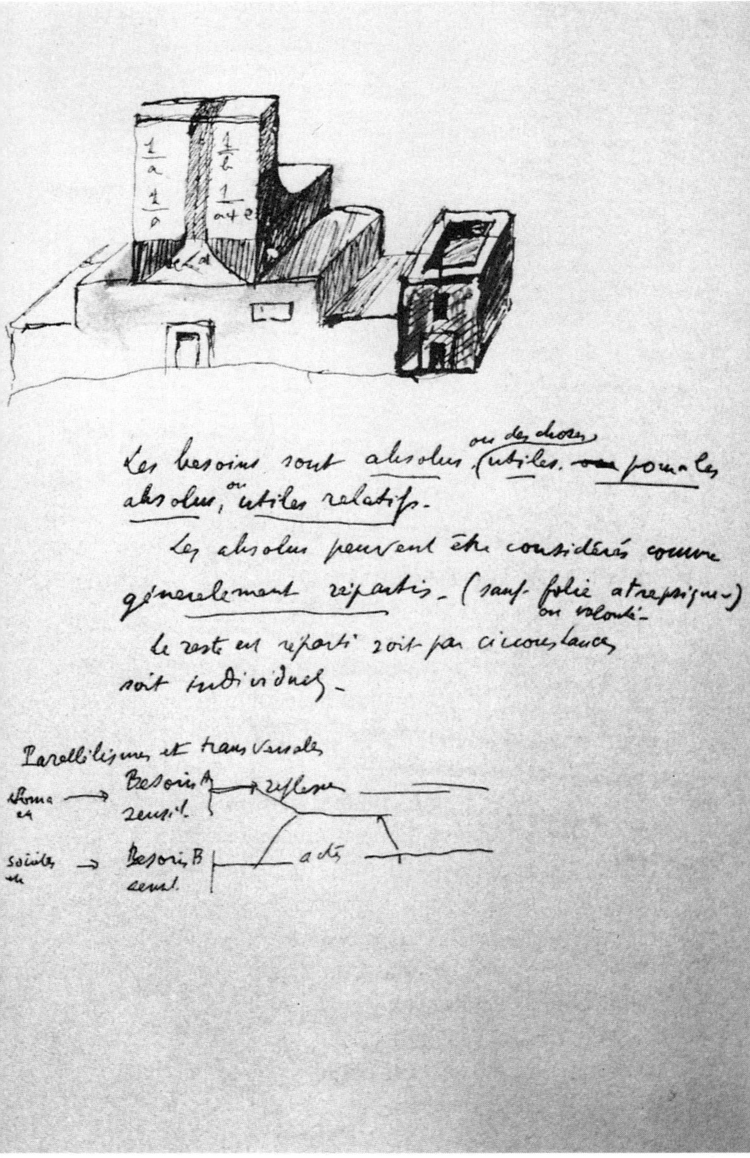
Les besoins sont absolus ou des choses utiles. pour les absolus, ou utiles relatifs.

Les absolus peuvent être considérés comme généralement répartis. (sauf folie atrepsique ou volonté.)

le reste est réparti soit par circonstances soit individuels.

Parallélismes et transversales

Besoin A — réflexe

Besoin B — actes

139. Paul Valéry, Page de cahier.

140. Paul Valéry, *Coquillage*, vers 1931.

tions. Un peintre devrait toujours songer à peindre pour quelqu'un auquel manquerait la faculté du langage articulé... N'oublions point qu'une très belle chose nous rend *muets* d'admiration...

C'est là ce qu'il faut vouloir produire, et qu'il ne faut point confondre avec le mutisme de la stupeur. Celui-ci est la grande affaire de bien des modernes. Il ne discerne point les espèces de la surprise. Il en est une, qui se renouvelle à chaque regard et se fait d'autant plus indéfinissable et sensible que l'on examine et que l'on se familiarise avec l'œuvre plus profondément. C'est la bonne surprise. Quant à l'autre, elle ne résulte que du choc qui rompt une convention ou une habitude et se réduit à ce choc. Il suffit, pour *étaler* le choc, de se résoudre à changer de convention ou d'habitude.

Revenant à la question si intéressante du langage spécialisé, je ne puis me tenir de rappeler au lecteur, puisqu'il est convenu que j'effleurerai dans ces pages tout ce qu'il me plaira d'effleurer, que les peuples primitifs ou sauvages, chez lesquels les facultés d'observation sont aux nôtres comme l'odorat du chien est à celui de l'homme, développent leur vocabulaire au nombre des nuances qu'ils saisissent dans les états des choses ou des êtres. Le regretté savant suédois Nordenskjöld, qui a exploré, il y a trois ou quatre ans, la région de Panama, rapporte que les indigènes Cunas, qui habitent ce pays, ont des noms pour la diversité des plissements des feuilles selon l'heure et le vent, et qu'ils ne possèdent pas moins de *quatorze verbes* pour désigner les quatorze mouvements de tête de l'alligator.

Je ne sais si les peintres ont autant de termes pour toutes les manières de tenir et de manier le pinceau, ou bien pour tous les modes d'intervention de l'œil dans leur travail ? J'en doute ; mais je ne doute pas qu'ils ne s'étonnent, et même ne s'esclaffent, de cette remarque que j'ai faite aussi naïve que j'ai pu.

141. Paul Valéry, Page de cahier.

Questions d'époques

Degas bafouait ceux qu'il appelait les « penseurs ». Les réformateurs, les rationalistes, les hommes « de justice et de vérité », les abstracteurs, les critiques d'art... Ces gens si sérieux irritaient sa vivacité, son élégance, son désir de n'être pas dupe, toute sa nature qui unissait à un sentiment presque tragique de la difficulté et de la rigueur de son art, une certaine gaminerie et une perverse tendance à saisir le ridicule et la sottise des idéaux d'autrui.

Non loin de ces « penseurs » (il fallait l'entendre articuler ce mot pesant et triste), il plaçait volontiers les « architectes »... Il les mettait au « dernier échelon de la société »...

Il attribuait aux penseurs et aux architectes la plupart des maux dont l'époque est atteinte. On vit d'ailleurs en ce temps-là (vers 1890), se prononcer chez quelques esprits distingués un sentiment de réaction contre le moderne et ses théoriciens. Un positivisme empirique parut, qui, loin de partir comme l'autre, d'une *table rase*, invoqua l'expérience, non celle des laboratoires, mais, plus simplement et tout bonnement, celle des siècles. La somme des siècles répond ce que l'on veut. On reparla des cathédrales, du Poussin et de Racine. On s'éprit de l'artisan du moyen âge, et quelques peintres ou sculpteurs se costumèrent comme lui. Le nom de *tradition* fut

142. Paul Valéry, *Homme assis* (détail).

143. Paul Valéry, *Cavalier*.

prononcé. Certains furent conduits par leur zèle pour le passé jusqu'au pied des autels qu'ils avaient fort négligés depuis l'enfance ; plusieurs, jusque dans le cloître. D'autres demeurèrent païens, ne prenant dans la tradition que ce qui leur plaisait. Divers que j'ai connus, d'âme tout anarchiste, plaçaient Louis XIV au-dessus de tout.

On oubliait qu'une tradition n'existe que pour être inconsciente et qu'elle ne souffre pas d'être interrompue. Une insensible continuité est de son essence. « Reprendre, renouer une tradition » est une expression de simulation. Le sacre de Charles X parut nécessairement plus comique qu'auguste. Aussitôt qu'une tradition se propose à l'esprit comme telle, elle n'est plus qu'une manière d'être ou d'agir qui se range parmi les autres, et qui est exposée à la critique de sa valeur propre au même titre que les autres. Il arrive que l'on doive procéder à de tels examens, et que l'on soit contraint à l'analyse délicate qui distinguera dans ce qui nous reste d'un passé, ce qui mérite qu'on le respecte de ce qui exige qu'on s'en défasse. Il n'est pas toujours très aisé de séparer la *crasse* de la *patine*...

Il est assez naturel que les artistes de nos jours regardent vers d'autres temps qu'ils imaginent meilleurs. L'avenir ne leur promet rien que de funeste. Leur belle époque fut celle des grands caprices personnels, et de la confiance dans la durée, qu'il s'agisse de la durée d'un régime, d'une famille, d'une croyance et de la renommée.

Mais, *il n'est plus personne*... Plus de monarques, de grands évêques, de tout-puissants seigneurs qui soient en possession de se faire des palais, des jardins, des églises, des tombeaux, des joyaux ou des meubles, des monuments d'orgueil, ou de repentir, ou de plaisance, aussi précieux, aussi originaux... car il n'y a plus d'originaux, de volontaires qui ne relèvent que de soi-même. Il n'y a plus que des masses ; des mandataires et des commissions. Je vois bien, çà et là, deux ou trois *entraîneurs* de peuples, mais ils ne peuvent guère vouloir que ce qu'ils peuvent suggérer ou intimer à la foule de vouloir.

Les *types* se font rares ; les bizarres et les singuliers disparaissent ; on les met, d'ailleurs, à peine aperçus, aux Petites Maisons d'aujourd'hui où les psychiatres en font de beaux livres.

Quelques milliardaires d'Amérique se sont bien essayés à jouer les Médicis, mais à tâtons, je veux dire : *bien conseillés !...*

Ils agissaient, d'ailleurs, en vue de l'effet, des journaux, des musées, du bien public...

Pas pour le plaisir.

C'est là le point : la volupté se meurt. On ne sait plus jouir. Nous en sommes à l'intensité, à l'énormité, à la vitesse, aux actions directes sur les centres nerveux, par le plus court chemin.

L'art, et même l'amour, doivent le céder à de nouvelles formes de dissipation du temps libre et de la surabondance vitale ; et ces formes seront ce qu'elles seront...

144. Paul Valéry, *Ernest Rouart dessinant*, vers 1935.

Souvenirs de Monsieur Ernest Rouart

Voici quelques souvenirs très précieux qui me sont donnés par Ernest Rouart. L'esprit expérimental et les incertitudes de notre peintre y paraissent de la manière la plus vivante et la plus divertissante. Ce récit peut conduire à se poser cette question : Si un artiste médiocre n'est pas préférable à un grand artiste comme maître ? Il faut avouer que, dans bien des cas, les médiocres ont plus de certitudes que les grands ; et c'est là presque une définition.

Degas se contentait très difficilement et trouvait rarement qu'une peinture fût au point. Non pas qu'il recherchât, ailleurs que dans ses œuvres de jeunesse, cette exécution minutieuse, ce fini, que d'autres ont pu trouver excessifs, mais qui néanmoins lui firent créer des tableaux remarquables et souvent des chefs-d'œuvre.

Ce qu'il lui fallait pour être satisfait, c'est que son œuvre fût complète, non pas dans la perfection des détails, mais dans l'impression d'ensemble qu'elle devait donner ; dans la construction d'abord et dans la coordination des éléments divers dont elle était composée, c'est-à-dire dans les justes rapports des lignes du dessin, des valeurs, et des couleurs entre elles.

Il attachait une valeur énorme à la composition, à l'arabesque générale des lignes, puis au rendu de la

145. Ernest Rouart, *Étude de nu*, vers 1925.

146. Degas, *Étude pour « Les Jeunes Spartiates »*, 1860. ▶

147. Degas, *Danseuses à la barre*, vers 1876.

*forme et du modelé, à l'*accent *du dessin, comme il disait. Jamais il ne trouvait qu'il fût allé assez loin dans l'expression vigoureuse d'une forme.*

Un jour, se trouvant avec moi dans une exposition où figurait un de ses pastels, un nu qui datait de plusieurs années, il me dit après l'avoir soigneusement examiné : « C'est mou ! ça manque d'accent ! » *Et malgré ce que je pus dire pour défendre ce nu qui vraiment, était une belle chose, il n'en voulut pas démordre.*

Quand il retrouvait une œuvre de lui, plus ou moins ancienne, il avait toujours envie de la remettre sur le chevalet et de la remanier.

C'est ainsi que, revoyant constamment chez mon père un délicieux pastel que celui-ci avait acquis et qu'il aimait beaucoup, Degas fut pris de son habituel et impérieux besoin de retoucher le tableau.

Il y revenait sans cesse et, de guerre lasse, mon père finit par lui laisser emporter l'objet. On ne le revit jamais.

Mon père demandait souvent des nouvelles de son cher pastel ; Degas répondait d'une façon dilatoire, mais il dut finir par avouer son crime ; il avait complètement démoli l'œuvre à lui confiée pour une simple retouche.

Désespoir de mon père qui ne s'est jamais consolé d'avoir laissé détruire un objet qu'il aimait tant.

C'est alors que Degas, pour le dédommager de cette perte, lui fit porter un jour les fameuses « Danseuses à la barre ».

Le comique de la chose est que, depuis lors, pendant de longues années, nous avons entendu Degas, passant devant ces danseuses, dire à mon père : « Décidément, cet arrosoir est idiot, il faut absolument que je l'enlève ! »

Je crois qu'il avait raison, et que la suppression de cet ustensile ne pouvait qu'améliorer l'effet du tableau. Mais mon père, instruit par l'expérience, ne consentit jamais à lui laisser faire cette nouvelle tentative.

On est allé jusqu'à raconter que la toile était fixée au mur avec un cadenas pour que Degas ne pût l'emporter.

C'est de la pure fantaisie.

Le besoin de reprendre une chose incomplète à son gré ne le quitta jamais et, chez lui, nombreuses étaient les toiles qu'il avait l'intention de retoucher, ne les trouvant pas dignes de quitter son atelier dans l'état où elles se trouvaient.

C'est pourquoi il craignait tant une vente massive de son atelier, et c'est pourquoi une telle vente fut une trahison.

Un autre exemple de cette manie, je dirai, moi, de cette conscience artistique, souvent fatale, je le reconnais, nous est donné par l'aventure de cet important tableau intitulé « Le Ballet de la Source ».

On y voit Mademoiselle Fiocre, la danseuse, en grand costume, les pieds nus au bord d'une mare, où près d'elle, s'abreuve un cheval. La composition est charmante et imprévue, mais...

Degas avait envoyé ce tableau au salon, je ne sais plus en quelle année. Le jour du vernissage (ce n'était pas alors un vain mot), il regardait assez anxieusement sa toile, ne trouvant pas qu'elle fît très bon effet. Toute fraîche (il y travaillait encore la veille), elle était évidemment pleine d'embus, et paraissait terne.

Avisant alors le marchand de couleurs qui passait avec sa brosse et son pot de vernis : « Allons ! Allez-y ! Donnez-lui une couche ! » L'œuvre gagna-t-elle à cette opération ? Je ne sais... Toujours est-il que, revenue dans l'atelier, elle ne plut certainement pas à son auteur, qui la fit dévernir pour la reprendre. Désastre ! En ôtant le vernis, on enlevait naturellement la moitié de la peinture ! Pour ne pas tout détruire, on fut obligé de laisser

148. Degas, *Mademoiselle Fiocre dans le ballet « La Source »* (détail), 1868.

le travail inachevé. La toile resta telle quelle dans un coin de l'atelier pendant des années.

Ce n'est que bien plus tard (entre quatre-vingt-douze et quatre-vingt-quinze), que Degas, retrouvant ce tableau, se mit en tête de le travailler de nouveau.

Il fit venir un restaurateur (il n'était pas encore lié avec Chialiva), qui, tant bien que mal, enleva ce qui restait de vernis, et donna les indications nécessaires pour exécuter les retouches et réparer les dommages causés. Il ne fut qu'à demi satisfait du résultat.

Quand Degas me fit copier le Mantegna du Louvre : « La Sagesse victorieuse des Vices », il avait alors des idées neuves sur la pratique des anciens, et prétendait me faire exécuter cette copie suivant une technique imaginée par lui et qui rappelait beaucoup plus celle des Vénitiens que celle de Mantegna.

En somme, il voulait expérimenter les procédés qu'il avait imaginés dans son esprit fertile en combinaisons diverses, mais dont il n'était pas très sûr, quant à la réalisation matérielle.

Je m'en aperçus bien, lors de l'exécution.

Il me dit d'abord : « Tu vas me préparer cela en vert. On laissera sécher pendant des mois en plein air. Titien attendait peut-être un an avant de reprendre un tableau ! Puis, sur cette préparation bien sèche, on glacera avec du rouge, et nous aurons le ton voulu. »

J'ébauche mon tableau en terre verte, Degas vient me voir au Louvre : « Mais ce n'est pas du vert ! C'est du gris ! Fais-moi ça en vert pomme !... »

Je prends alors les couleurs les plus vives pour trouver un vert à sa convenance. Les visiteurs du Louvre me croient fou. « Comment ! vous voyez le tableau de cette couleur-là ? — Certes, ne voyez-vous pas qu'il est tout vert ? »

Enfin l'ébauche se termine à grand'peine. La composition est compliquée et la mise en place de toutes ces figures m'avait donné beaucoup de mal.

149. Mantegna, *La Sagesse victorieuse des Vices*, 1497.

Pendant ce temps, Degas me disait : « Mais tu n'en finis pas, j'ai commencé chez moi une copie, j'ai déjà presque fini le dessin, viens voir ça. »

Je vais à son atelier, et il me montre alors une toile qu'il ébauchait au pastel, en camaïeu, d'après une photographie. Devant moi, plein d'ardeur, il donna quelques accents à son dessin. Il le laissa d'ailleurs en cet état.

Cette toile est passée à sa vente sous l'attribution : « École française ». Je la retrouvai peu après la guerre chez un marchand qui l'avait payée deux cents francs. (À ce moment-là, j'étais mobilisé à Châlons, et n'avais pu suivre la vente.) Le marchand, lui, avait reconnu l'œuvre de Degas, et naturellement, la fit payer sensiblement plus cher. (Telle qu'elle est, c'est pour moi un précieux souvenir.)

Mon ébauche terminée, on la transporta rue de Lisbonne pour la faire sécher dans la cour. Au bout de trois mois, on la ramène au Louvre, et nous prenons rendez-vous pour poser les glacis.

J'arrive au jour dit, et toute la journée, j'attends mon Degas qui ne se décide pas à paraître.

Ne sachant pas ce qu'il voulait exactement que je fisse, je ne touchai pas à ma toile. Le lendemain, je retourne au Louvre pour l'attendre encore.

Enfin le voilà, marchant d'un pas pressé, patinant sur les parquets du Louvre, et balançant, comme un oiseau ses ailes, les larges manches de son macfarlane.

« Comment ! Tu n'as rien fait !

— Mais je vous attendais... »

Quelque bougonnement et, de ma part, silence un peu confus. En somme, il aurait voulu que je me misse à patauger sur ma toile, tandis que lui serait venu plus tard donner quelques magistrales indications.

Mais puisque je n'avais rien fait, il fallait bien s'y mettre.

Nous prenons un beau rouge que nous étalons en glacis sur le vert de la préparation afin d'obtenir les tons de chair.

Ça ne va pas très bien. On ajoute de la terre de Sienne, on tripote encore quelque temps. Finalement il me laisse en disant :

« Tu mettras tous ces tons (les bleus, les rouges, les jaunes), très légèrement, comme à l'aquarelle pour laisser transparaître les dessous, et ça fera très bien. »

Je me suis escrimé comme j'ai pu sur cette malheureuse toile, et je dois avouer que le résultat ne fut pas brillant. L'excès de véhicule employé pour l'exécution fit jaunir terriblement la peinture.

La copie de Carpaccio que j'avais faite auparavant, de façon moins systématique, me semble mieux réussie.

Il faut dire que l'original, comme métier, se rapprochait beaucoup plus de ce que Degas avait dans l'idée. Le Mantegna, peint à l'œuf, est d'une technique toute différente, et je crois que mon cher maître commit une erreur en voulant me le faire peindre à la vénitienne, ou, du moins, d'une manière qu'il croyait telle.

Enfin, malgré tout, ces divers essais ne me furent pas inutiles, et je crois y avoir beaucoup appris.

À la fin de sa vie, il s'était davantage épris de la couleur, et de l'effet qu'on en pouvait tirer. Il avait alors sur le coloris et sur son emploi dans le tableau des théories qu'il m'exposait avec complaisance, mais qui n'étaient pas toujours faciles à saisir, et surtout à expliquer pour le disciple qui l'écoutait bouche bée (les dessous en camaïeu, les glacis, etc...).

C'est à cette époque qu'il a exécuté ces pastels si riches, et si éclatants de couleur. Il est malheureux que sa vue, s'affaiblissant de plus en plus, ne lui ait pas per-

150. Degas, *Scène de ballet*, 1896-1898.

151. Degas, *Scène de ballet* (détail), 1896-1898. Cf. figure 150.

152. Degas, *Scène de ballet* (détail), 1896-1898. Cf. figure 150.

ATELIER

154. Degas, *La fête de la patronne*, vers 1878-1880.

mis de réaliser les grandes toiles qu'il ébauchait alors et qui sont restées inachevées.

Son admiration pour le coloris et la technique des anciens le poussait beaucoup à faire des recherches en ce sens, et à échafauder théories et systèmes sur l'exécution naturelle de la peinture, sur le métier, comme il disait.

Ces idées étaient-elles aussi nettes dans son esprit qu'il le prétendait ? je n'oserais pas l'affirmer, quoiqu'il

◄ 153. Degas, *Autoportrait*, 1857. Eau-forte.

s'inscrivît volontiers en faux contre l'assertion de Boileau : « Ce que l'on conçoit bien s'énonce clairement... » C'était une de ses marottes, il y revenait sans cesse, disant que rien n'était plus faux.

En tout cas, lorsqu'il me fît faire une copie de Mantegna pour y expérimenter ses nouvelles idées, je vis bien, lors de l'exécution, qu'il n'était pas, une fois sur le chantier, aussi sûr de son fait qu'il semblait l'être en en parlant. Rien n'est plus naturel, d'ailleurs, ni plus humain. C'est en s'escrimant sur la toile qu'un artiste comme lui arrive à concilier la théorie et la pratique. Mais, pour l'élève c'est autre chose !

Il était très imaginatif, non seulement quant à la conception des œuvres, mais aussi en ce qui touchait à leur exécution, aux moyens matériels de les réaliser. Cette faculté, jointe à l'adresse de ses mains et à son goût du bricolage, fut pour beaucoup dans l'amour qu'il avait de la gravure où il s'amusait fort. Là aussi, il avait imaginé certains procédés dont il aurait certainement tiré un parti extraordinaire si on l'avait encouragé dans cette voie (pécuniairement s'entend).

« Si Rembrandt avait connu la lithographie, aimait-il à dire, Dieu sait ce qu'il en aurait fait. »

Les deux grandes idées de Degas, touchant les rapports de l'État avec les Beaux-Arts étaient :

— D'abord, rattacher le budget des Beaux-Arts à l'Assistance Publique au lieu d'encombrer par des commandes faites aux artistes, les places publiques et les musées de province.

◄ 155. Degas, *Scène de coulisses* (détail), vers 1888-1890.

156. Degas, *Portrait de Léon Bonnat* (détail), vers 1863.

— Puis, faire sortir de l'École Polytechnique dans le prix de Rome.

Chez mon père, il blaguait toujours l'X, autant qu'il pouvait, malgré les nombreux camarades de l'École qui se trouvaient là (artilleurs, sapeurs, etc...).

Et ma mère lui disait tout bas (nous étions alors des enfants) : « Je vous en prie, ne dites pas trop de mal de l'École Polytechnique devant mes fils. »

La façon dont il retrouva Bonnat qu'il avait perdu de vue depuis longtemps, est assez amusante.

Allant à Cauterets prendre les eaux, il se trouva sur l'impériale de l'omnibus à côté d'un monsieur qui se fait reconnaître. C'était Bonnat. C'est alors que celui-ci lui dit : « Degas, qu'est donc devenu le portrait que vous avez fait de moi autrefois ? J'aimerais bien l'avoir...

— Il est toujours dans mon atelier, je vous le donnerais bien volontiers. » Après un moment d'hésitation, Bonnat hasarda : « Mais vous n'aimez pas ce que je fais ! » (Il songeait sans doute à lui proposer quelque chose en échange.) Degas, très embêté, lui dit : « Ah ! Bonnat, que voulez-vous, nous avons tiré chacun de son côté. » Et la chose en resta là.

Mais, la promesse de Degas ne se réalisa pas spontanément. Il fallut que mon père, à la demande de Bonnat, réclamât le portrait, encore avec une certaine insistance. Degas se décida à l'apporter un jour rue de Lisbonne. Il voulut même alors que mon père gardât le portrait pour lui. Mon père n'en fit rien, naturellement.

157. Degas dans le jardin de Bartholomé, rue Raffet, 1915.

Crépuscule et final

Ce 25 septembre 1917, j'apprends la mort de Degas.

Il y a des années qu'on ne le voit plus, après quelques autres années pendant lesquelles on le retrouvait toujours plus farouche, plus absolu et insupportable.

A-t-il même eu conscience que l'on fût en guerre ? Le sinistre et long crépuscule de sa vie s'achève, avant que l'on aperçoive les signes de la fin de l'immense et vaine bataille.

Il meurt ayant trop vécu, car il meurt après sa lumière. Le commencement de sa lente diminution fut marqué par l'affaiblissement plus prononcé de sa vue. Le travail, peu à peu, lui devint impossible, et sa raison de vivre s'évanouit avant sa vie. Une des dernières œuvres qu'il ait faites fut son portrait à barbe blanche, hirsute et courte, et à casquette. Il le montrait et disait : « Je ressemble à un chien. »

Mais encore ses mains cherchaient des formes. Il tâtait les objets ; le sens du toucher de plus en plus dominant chez lui, il décrivait volontiers en termes du tact ; il louait un tableau en déclarant : « C'est plat comme la belle peinture », et les gestes de sa main figuraient cette planitude qui l'enchantait. De la paume et du dos de la main alternés, il passait et repassait sur un plan idéal, le lissant et le caressant comme d'une brosse douce. Un de

158. Degas boulevard de Clichy, 1914.

PIANOS

ses vieux amis étant mort, il se fit conduire auprès du cadavre et voulut palper le visage.

Les yeux perdus, qui avaient tant travaillé ; l'esprit entre l'absence et le désespoir ; les manies et redites multipliées ; des silences terribles qui s'achèvent par un affreux : « Je ne pense qu'à la mort », rien de plus triste que la dégradation d'une si noble existence par le grand âge. Un épouvantable tête-à-tête l'occupe, se substitue en lui à la vive diversité des idées, des désirs, des projets du grand artiste.

On ne peut s'empêcher de penser que cette déchéance misérable, cet abandon de soi du vieillard qui ne peut plus soutenir la vie extérieure, se développa sur une nature assez portée à se séparer, à se défier des hommes, à se les noircir, ou à les simplifier et résumer terriblement. La misanthropie contient peut-être un germe de sénilité, étant une disposition chagrine *a priori* et une attitude identique devant la variété des individus...

Degas s'est toujours senti seul, et l'a été dans tous les modes de la solitude. *Seul* par le caractère ; *seul* par la distinction et par la particularité de sa nature ; *seul* par la probité ; *seul* par l'orgueil de sa rigueur, par l'inflexibilité de ses principes et de ses jugements ; *seul* par son art, c'est-à-dire, par ce qu'il exigeait de soi.

Certaines recherches, dont l'exigence est illimitée, isolent celui qui s'y plonge. Cet isolement peut être imperceptible : mais un homme qui s'approfondit a beau voir des hommes, causer, disputer avec eux, il réserve ce qu'il croit de son essence et ne livre que ce qu'il sent inutile à son grand dessein. Une part de son esprit peut bien s'employer à répondre aux *autres*, et même à briller devant eux ; mais, loin de s'y confondre par cet oubli de soi qu'engendre le commerce excitant des similitudes d'impressions et des contrastes d'idées, celui-ci se sépare par cet échange même qui lui fait ressentir plus nettement son écart, et l'engage à se retirer en soi, avec soi, plus vivement à chaque contact. Ainsi se forme-t-il, par réaction, une solitude seconde, qui lui est comme nécessaire pour se rendre secrètement, studieusement, jalousement incomparable. Davantage, il pousse ce retranchement et cette reprise si avant, qu'il s'isole soi-même de ce qu'il fut et de ce qu'il fit : il n'est d'ouvrage de ses mains qu'il ne revoie sans brûler de le détruire ou de s'y remettre...

N'est-ce point aujourd'hui une espèce à peu près disparue que cette espèce de personnages difficiles et incorruptibles ? L'époque est dure aux *originaux*. On y observe de moins en moins le dédain des grands nombres. L'individu se meurt, incapable de soutenir l'état de dépendance excessive que les immenses et innombrables connexions et relations qui organisent le monde moderne lui imposent. Degas raillait, un soir, Forain qui courait, appelé par un timbre impérieux, au téléphone. « C'est cela, le téléphone !... On vous sonne, et vous y allez... » Il serait aisé de généraliser cette formule sarcastique. « C'est cela, la Gloire ?... On vous cite, et vous croyez être quelque chose !... »

Mais Degas refusait cette gloire à forme vague et fabriquée, celle qu'engendrent les prestiges statistiques de la presse. Il méprisait les louanges de ceux auxquels il interdisait de pouvoir rien entendre à son art. Il le leur criait sous le nez. La connaissance légitime de cet art lui paraissait n'appartenir qu'à fort peu de monde, car il avait si longuement et passionnément réfléchi sur le problème de la peinture, il y avait découvert ou introduit tant de difficultés qu'il s'en était fait une idée incommunicable au vulgaire qui ne soupçonne ni la subtilité des recherches, ni les mystères des procédés, ni la noblesse ou l'esprit des compositions, ni les forces ou les finesses de l'exécution.

Pascal lui-même n'a pas manqué de s'y tromper, qui traita de cet art avec superbe, et le réduisait à la *vanité* de poursuivre laborieusement la ressemblance de choses dont la vue d'elles-mêmes est sans intérêt, ce qui prouve qu'il ne savait pas regarder, c'est-à-dire oublier les noms des choses que l'on voit. Et qu'eût-il dit des raffinements et de la casuistique de ces jansénistes de la peinture et de la poésie, les Degas, les Mallarmé, qui ne vécurent que pour rejoindre et pour parfaire, l'un, quelque forme, l'autre, quelque système de mots; mais qui placèrent dans ces futiles objets de leur désir et de leurs peines, une manière d'infini, et en somme... tout ce qu'il faut pour croire que l'on a *déjà trouvé* !

TABLE DES ILLUSTRATIONS

11. DEGAS, *La révérence*. Bronze. Musée d'Orsay, Paris. Photo © Tisné.

12. Grande méduse. Atlas Photo.

13. DEGAS, *Danseuse regardant la plante de son pied droit*. Bronze. Musée d'Orsay, Paris. Photo © Tisné.

14. DEGAS, *Danseuse*. Grande arabesque : troisième temps. Bronze. Musée d'Orsay, Paris. Photo © Tisné.

15. DEGAS, *Danseuse*. Position de quatrième sur la jambe gauche, 1886. Bronze. Musée d'Orsay, Paris. Photo © Tisné.

16. DEGAS dans son atelier, 37, rue Victor-Massé. Photo prise par lui-même, 1912. Bibliothèque nationale de France, Paris. Photo © B.N.F.

17. DEGAS, *La petite danseuse de quatorze ans*, 1881. Bronze. Musée d'Orsay, Paris. Photo Archives photographiques.

18. DEGAS, *La toilette*, 1892-1895. Pastel. Collection particulière, Paris. Photo © Durand-Ruel.

19. DEGAS, *Femme se baignant*, 1883-1885. Monotype. Cabinet des Dessins, musée du Louvre, Paris. Photo © Josse-Lalance.

20. DEGAS, *Femme se coiffant* (détail), 1887-1890. Monotype. Cabinet des Dessins, musée du Louvre, Paris. Photo © Josse-Lalance.

21. DEGAS ET BARTHOLOMÉ, rue Victor-Massé, 1910. Au mur : Manet, *Le jambon* et *Le Polichinelle*. Photo prise par Degas. Bibliothèque nationale de France, Paris. Photo © B.N.F.

22. MANET, *Le jambon*, 1880. Burrell Collection, Glasgow. Photo © Roger-Viollet.

23. MANET, *Le Polichinelle*, 1874. Lithographie tirée par Lemercier. Ancienne collection Degas. Collection particulière, Paris. Photo © Jacques Verroust.

24. INGRES, *Étude pour « L'Apothéose d'Homère »*, 1926. Dessin. Ancienne collection Degas. Cabinet des Dessins, musée du Louvre, Paris. Photo © Josse-Lalance.

25. INGRES, *Étude pour « La Grande Odalisque »*, 1814. Dessin. Ancienne collection Degas. Cabinet des Dessins, musée du Louvre, Paris. Photo © Josse-Lalance.

26. DEGAS, *Étude de drapé pour « Sémiramis »*, vers 1860-1861. Pastel. Cabinet des Dessins, musée du Louvre, Paris. Photo © Tisné.

27. DEGAS, *Étude de danseuse*. Paul Valéry, *Degas Danse Dessin*. Édition d'Ambroise Vollard, 1934. Bibliothèque littéraire J. Doucet, Paris. Photo © Josse-Lalance.

28. HOLBEIN, *Étude de mains*, 1520. Dessin. Bâle, Kunstmuseum. Photo © Bibliothèque littéraire J. Doucet, Paris.

29. DEGAS ET ZOÉ, vers 1890. Photo prise par Degas. Bibliothèque nationale de France, Paris. Photo © B.N.F.

30. DEGAS, *Autoportrait à trente ans*. Dessin. Collection particulière, Paris. Photo © Jacques Verroust.

31. DEGAS, *Portrait d'Edmond Duranty* (détail), 1879. Burrell Collection, Glasgow. Photo © Bridgeman-Giraudon.

32. ÉMILE ZOLA, vers 1880. Photo. Bibliothèque nationale de France, Paris. Photo © B.N.F.

33. JULES ET EDMOND DE GONCOURT, vers 1856. Photo de Nadar. Bibliothèque nationale de France, Paris. Photo Archives photographiques.

34. MANET, *Portrait de Théodore Duret* (détail), 1868. Musée du Petit Palais, Paris. Photo © Giraudon.

35. INGRES, vers 1850. Photo de Carjat. Bibliothèque nationale de France, Paris. Photo © B.N.F.

36. DELACROIX, 1858. Photo de Nadar. Bibliothèque nationale de France, Paris. Photo Archives photographiques.

37. La princesse de Metternich, 1860. Photo de Disderi. Bibliothèque nationale de France, Paris. Photo © B.N.F.

38. DEGAS, *Portrait de femme (la princesse de Metternich)*, 1861. National Gallery, Londres. Photo © Tisné.

39. DEGAS, *Portrait d'Hilaire René de Gas* (grand-père du peintre), 1857. Musée d'Orsay, Paris. Photo Archives photographiques.

40. INGRES, *L'Apothéose d'Homère* (détail), 1827. Musée du Louvre, Paris. Photo © Giraudon.

41. DEGAS, *Portrait de Gustave Moreau* (détail), 1868.

Musée Gustave Moreau, Paris. Photo © Josse-Lalance.

42. GUSTAVE MOREAU, *Salomé dansant* (détail), 1876. Musée Gustave Moreau, Paris. Photo © Giraudon.

43. HUYSMANS, vers 1895. Photo de Nadar. Bibliothèque nationale de France, Paris. Photo Archives photographiques.

44. INGRES, *Femme de profil*, 1863. Dessin. Cabinet des Dessins, musée du Louvre, Paris. Photo © Josse-Lalance.

45. DEGAS, *Page de carnet* (détail), 1857-1858. Carnet I. Visage féminin. Plume. Bibliothèque nationale de France, Paris. Photo © B.N.F.

46. DEGAS, *Danseuse inclinée en avant*, 1875. Dessin. Étude pour *La répétition au foyer de la danse*. Collection particulière, New York. Photo © Tisné.

47. DEGAS, *Danseuse se grattant le dos*, vers 1874-1875. Dessin. Étude pour *La répétition au foyer de la danse*. Cabinet des Dessins, musée du Louvre, Paris. Photo © Josse-Lalance.

48. DEGAS, *Étude de danseuses*, 1875. Dessin. Cabinet des Dessins, musée du Louvre, Paris. Ancienne collection Dr Viaud. Photo © Josse-Lalance.

49. DEGAS, *Chevaux de course à Longchamp* (détail), vers 1873-1875. Museum of Fine Arts, Boston. Photo © Tisné.

50. RENOIR ET MALLARMÉ, vers 1880. Photo prise par Degas. Collection particulière, Paris. Photo René Jacques © Ministère de la Culture-France.

51. WHISTLER, *Portrait de Mallarmé*, 1893. Lithographie. Bibliothèque nationale de France, Paris. Photo © B.N.F.

52. MUYBRIDGE, *Galop de cheval*, 1878. Chronophotographie. Cinémathèque française, Paris. Photo © Cinémathèque.

53. DEGAS, *Cheval s'envolant sur l'obstacle*. Bronze. Musée d'Orsay, Paris. Photo © Tisné.

54. DEGAS, *Cheval au galop sur le pied droit*. Bronze. Musée d'Orsay, Paris. Photo © Tisné.

55. DEGAS, *Cheval se cabrant*. Bronze. Musée d'Orsay, Paris. Photo © Tisné.

56. MAREY, *Vol d'oiseau*, 1890. Chronophotographie. Cinémathèque française, Paris. Photo © Cinémathèque.

57. HOKUSAI, *Minesawa dans la province de Sagami* (détail), 1802. Art japonais. Estampe. Fait partie des 36 estampes *Fugaku Sanju Rokkei*, dimensions : 37,5 x 25,5 cm. Musée des Arts décoratifs, Paris. Photo © Giraudon.

58. LÉONARD DE VINCI, *Vol d'oiseau. Codice sul volo degli uccelli e varie altre materie*, folio 8, fac-similé. Cabinet des Manuscrits, Bibliothèque nationale de France, Paris. Codex imprimé en France en 1893, édition Rouveyre. Traduit de l'italien par Ravaison-Mollien, Paris. Ce codex comprend 118 dessins et 18 feuillets de 21 x 15 cm. Biblioteca Reale, Turin. Photo © Josse-Lalance.

59. DEGAS, *Études de chevaux*, non daté. Crayon. Collection particulière, Paris. Photo © Jacques Verroust.

60. PAUL DUBOIS, *Statue équestre de Jeanne d'Arc*, 1889, inaugurée en 1900. Place Saint-Augustin, Paris. Bronze, réplique de la statue élevée à Reims. Photo Archives photographiques.

61. MEISSONIER, *Napoléon Ier*, 1874. Bronze fondu par Siot-Decauville. Collection particulière, Paris. Photo © Roger-Viollet.

62. DEGAS, *Danseuse sur la scène*, 1876. Pastel. Musée d'Orsay, Paris. Photo © Raymond Laniepce.

63. DEGAS, *Le sentier dans la prairie* (détail), vers 1890-1892. Pastel. Collection particulière, Londres. Photo © Tisné.

64. DEGAS, *Rochers au bord d'une rivière* (détail), vers 1890-1892. Pastel. Collection particulière, Paris. Photo © Tisné.

65. DEGAS, *Dunes au bord de la mer* (détail), 1869. Pastel. Collection particulière, Paris. Photo © Tisné.

66. DEGAS, *Un chemin creux*, 1857-1858. Carnet I, plume et aquarelle. Bibliothèque nationale de France, Paris. Photo © B.N.F.

67. DEGAS, *Paysage de l'Orne*, 1857-1858. Carnet I, plume et lavis. Bibliothèque nationale de France, Paris. Photo © B.N.F.

68. DEGAS, *Femme se coiffant*, vers 1881. Collection particulière, Paris. Photo © Bulloz.

69. TITIEN, *La Vénus d'Urbino*, 1538. Musée des Offices, Florence. Photo © Giraudon.

70. INGRES, *La Grande Odalisque*, 1814. Musée du Louvre, Paris. Photo © Giraudon.

71. REMBRANDT, *Bethsabée* (détail), 1654. Musée d'Orsay, Paris. Photo © Giraudon.

72. DEGAS, *La baigneuse couchée*, 1885. Pastel. Collection particulière, Paris. Photo © Bulloz.

73. DEGAS, *Étude de nu pour « Sémiramis »*, vers 1860. Dessin. Cabinet des Dessins, musée du Louvre, Paris. Photo © Bulloz.

74. DEGAS, *Étude de nu : Deux femmes couchées et étude de jambes*, vers 1890-1895. Pastel. Ancienne collection Durand-Ruel. Photo © Tisné.

75. DEGAS, vers 1903, d'après photo. Collection particulière. Photo René Jacques © Ministère de la Culture-France.

76. HENRI ROCHEFORT, directeur du journal *La Lanterne*, 1895. Photo de Nadar. Bibliothèque nationale de France, Paris. Photo Archives photographiques.

77. ÉDOUARD DRUMONT, directeur du journal *La Libre Parole*, 1892. Photo de Nadar. Bibliothèque nationale de France, Paris. Photo Archives photographiques.

78. *Dégradation militaire de Dreyfus*, 31 janvier 1895. Gravé par Meyer. Bibliothèque nationale de France, Paris. Photo © B.N.F.

79. MANET, *Portrait de Clemenceau*, 1879. Musée d'Orsay, Paris. Photo © Giraudon.

80. DEGAS, *Danseuses ajustant leurs chaussons* (détail), vers 1883. The Cleveland Museum of Art, Cleveland. Photo © Giraudon.

81. DEGAS, *Les repasseuses*, vers 1884. Pastel. Musée d'Orsay, Paris. Photo © Giraudon.

82. DEGAS, *Sémiramis construisant Babylone*, vers 1860-1865. Musée d'Orsay, Paris. Photo © Bulloz.

83. DEGAS, *Les blanchisseuses*, vers 1876-1878. Collection particulière, Stamford. Photo © Bulloz.

84. DEGAS, *Place de la Concorde*, vers 1875. Ancienne collection Gerstenberg, détruite pendant la guerre, Berlin. Photo © Tisné.

85. DEGAS, *Le café-concert des Ambassadeurs*, vers 1876-1877.

Musée des Beaux-Arts, Lyon. Photo © Bulloz.

86. DEGAS, *Femmes à la terrasse d'un café* (détail), vers 1877. Pastel. Musée d'Orsay, Paris. Photo © Tisné.

87. DEGAS, *Chez la modiste*, 1883. Pastel. Collection particulière, New York. Photo © Giraudon.

88. DEGAS, *Illustration pour « Mimes des courtisanes » de Lucien*, 1934. Gravé par Maurice Potin. Ambroise Vollard, éditeur, traduction de Pierre Louÿs. Bibliothèque littéraire J. Doucet, Paris. Photo © Josse-Lalance.

89. DEDREUX D'ORCY, *Portrait de Stendhal*, 1840. Musée Stendhal, Grenoble. Photo © Roger-Viollet.

90. MÉRIMÉE, vers 1865. Photo d'Émile Robert. Bibliothèque nationale de France, Paris. Photo © B.N.F.

91. DEGAS, *Étude de drapé pour « Sémiramis »*, vers 1860. Dessin. Cabinet des Dessins, musée du Louvre, Paris. Photo © Josse-Lalance.

92. DEGAS, *Étude de mains pour « La famille Belleli »*, vers 1868. Musée d'Orsay, Paris. Photo Archives photographiques.

93. DEGAS, *Étude de danseuse au repos*, 1880-1885. Dessin. Musée d'Orsay, Paris. Photo © Josse-Lalance.

94. DEGAS, *Illustration pour « Degas Danse Dessin »*, de Paul Valéry. Édition Ambroise Vollard, 1934. Gravé par Maurice Potin. Bibliothèque littéraire J. Doucet, Paris. Photo © Josse-Lalance.

95. Sonnet manuscrit de Degas, non daté. Collection particulière, Paris. Photo © Jacques Verroust.

96. MALLARMÉ en 1896. Photo de Nadar. Paris, Bibliothèque nationale de France. Photo Archives photographiques.

97. DEGAS, *Autoportrait*, vers 1854. Dessin. Collection particulière, Paris. Photo © Jacques Verroust.

98. DEGAS, *Autoportrait*, vers 1854. Dessin. Collection particulière, Paris. Photo © Jacques Verroust.

99. DEGAS, *Étude pour « Les malheurs de la ville d'Orléans »* (détail), 1864. Cabinet des Dessins, musée du Louvre, Paris. Photo © Giraudon.

100. DEGAS, *Étude pour le portrait de Manet*, vers 1864. Dessin. Collection particulière, Paris. Photo © Artephot/Faillet.

101. MEISSONIER modelant une figurine de cheval, vers 1880. D'après *Dans l'intimité de personnages illustres*, 1850-1900. Éditions M.D. Photo © Foucault.

102. ÉDOUARD DETAILLE en 1876. Photo de Nadar. Bibliothèque nationale de France, Paris. Photo Archives photographiques.

103. COROT en 1860. Photo de Nadar. Bibliothèque nationale de France, Paris. Photo Archives photographiques.

104. DEGAS, *Le bureau du coton à La Nouvelle-Orléans* (détail), 1873. Musée des Beaux-Arts, Pau. Photo © Giraudon.

105. DEGAS, *Groupe d'artistes* : Walter Sickert, Daniel Halévy, Ludovic Halévy, J.-É. Blanche, Gervex et Boulanger Cave. Pastel. Photo © Foucault.

106. DELACROIX, *La bataille de Taillebourg, gagnée par Saint Louis* (détail), 1837. Galerie des Batailles, Versailles. Photo Archives photographiques.

107. LÉON BRUNSCHWICG, vers 1912. Bibliothèque nationale de France, Paris. Photo © B.N.F.

108. PUVIS DE CHAVANNES, *Autoportrait*, 1887. Galerie Pitti, Florence. Photo © Roger-Viollet.

109. FORAIN, *Dans les coulisses* (détail), vers 1906-1907. Aquarelle. Institut Courtauld, Londres. Photo Giraudon © ADAGP, 1998.

110. FORAIN dans son atelier en 1911. Bibliothèque nationale de France, Paris. Photo © B.N.F.

111. CUYP, *Paysage avec un pâtre gardant les vaches* (détail), non daté. École hollandaise. Musée du Louvre, Paris. Photo © Giraudon.

112. POUSSIN, *Apollon amoureux de Daphné* (détail), 1664. Musée du Louvre, Paris. Photo © Giraudon.

113. LE LORRAIN, *Paysage marin avec Acis et Galatée* (détail), 1657. Gemäldegalerie, Dresde. Photo © Roger-Viollet.

114. COROT, *Chemin sous les arbres au printemps*, 1860-1870. Musée des Beaux-Arts, Reims. Photo © Giraudon.

115. CÉZANNE, *La montagne Sainte-Victoire*, 1900-1906. Kunsthaus, Zurich. Photo © Giraudon.

116. VAN GOGH, *Les meules*, 1888. Collection particulière, Berne. Photo © Giraudon.

117. MONET, *Paysage à Nanteuil* (détail), 1879. Musée des Beaux-Arts, Rouen. Photo © Giraudon.

118. RENOIR, *L'arbre près de la ferme*, 1912. Collection particulière, Paris. Photo © Giraudon.

119. LÉONARD DE VINCI (attribué à), *Études d'enfants pour « Sainte Anne, la Vierge et l'Enfant » du Louvre*. Gravure de Leroy. Musée Condé, Chantilly. Photo © Giraudon.

120. PAUL VALÉRY peignant. D'après photo collection particulière. Photo © Foucault.

121. PAUL VALÉRY, *Buste d'homme*, 1930. Bronze. Musée municipal, Sète. Photo © Raissac.

122. LÉGER, *Contraste de formes*, 1913. Musée national d'art moderne, Centre Georges-Pompidou, Paris. Photo Archives photographiques © ADAGP, 1998.

123. BRAQUE, *Maison à l'Estaque*, 1908. Fondation Hermann Rupf, Berne. Photo galerie Louise Leiris © ADAGP, 1998.

124. PICASSO, *Étude pour « Les Demoiselles d'Avignon »*, 1907. Collection particulière, Paris. Photo Giraudon © Succession Picasso, 1998.

125. PICASSO, *Peintre travaillant*. Gravure. Bibliothèque nationale de France, Paris. Photo Giraudon © Succession Picasso, 1998.

126. DEGAS, *Autoportrait* (détail), 1854-1855. Musée d'Orsay, Paris. Photo © R.M.N.

127. COROT sur le motif. D'après *Dans l'intimité des personnages illustres*, 1845-1890. Éditions M.D. Photo © Foucault.

128. RENOIR à Cagnes-sur-Mer en 1907. Photo © Roger-Viollet.

129. PISSARRO ET CÉZANNE vers 1890. Photo © Roger-Viollet.

130. MONET devant les nymphéas vers 1910. Bibliothèque nationale de France, Paris. Photo © B.N.F.

131. VICTOR HUGO à Guernesey en 1870. Bibliothèque nationale de France, Paris. Photo © B.N.F.

132. VERLAINE au café en 1896. Photo de Dornac. Bibliothèque nationale de France, Paris. Photo © B.N.F.

133. DEGAS, *Danseuse à la barre*, 1884-1888. Pastel. Ancienne collection Durand-Ruel. Photo © Durand-Ruel.

134. DEGAS, *Autoportrait*, 1855. Aquarelle et dessin. Collection particulière. Photo © Jacques Verroust.

135. MANET, *Berthe Morisot au chapeau noir*, 1872. Collection particulière, Paris. Photo © Giraudon.

136. PAUL VALÉRY à sa table de travail, vers 1942. D'après photo collection particulière. Photo René Jacques © Ministère de la Culture-France.

137. PAUL VALÉRY, Page de cahier, sa table de travail. Collection particulière, Paris. Photo René Jacques © Ministère de la Culture-France.

138. PAUL VALÉRY, Page de cahier. Collection particulière, Paris. Édité par le C.N.R.S. Photo © Daniel Cande.

139. PAUL VALÉRY, Page de cahier. Collection particulière, Paris. Édité par le C.N.R.S. Photo © Daniel Cande.

140. PAUL VALÉRY, *Coquillage*, vers 1931. Collection particulière, Paris. Photo René Jacques © Ministère de la Culture-France.

141. PAUL VALÉRY, Page de cahier. Collection particulière, Paris. Édité par le C.N.R.S. Photo René Jacques © Ministère de la Culture-France.

142. PAUL VALÉRY, *Homme assis* (détail), non daté. Lavis. Collection particulière, Paris. Photo René Jacques © Ministère de la Culture-France.

143. PAUL VALÉRY, *Cavalier*, non daté. Lavis. Collection particulière, Paris. Photo René Jacques © Ministère de la Culture-France.

144. PAUL VALÉRY, *Ernest Rouart dessinant*, vers 1935. Lavis. Collection particulière, Paris. Photo René Jacques © Ministère de la Culture-France.

145. ERNEST ROUART, *Étude de nu*, vers 1925. Sanguine. Collection particulière, Paris. Photo © Daniel Cande.

146. DEGAS, *Étude pour « Les Jeunes Spartiates »*, 1860. Dessin. Collection particulière, Paris. Photo © Giraudon.

147. DEGAS, *Danseuses à la barre*, vers 1876. Memorial Museum of Art, New York. Photo © Tisné.

148. DEGAS, *Mademoiselle Fiocre dans le ballet « La Source »* (détail), 1868. Brooklyn Museum, New York. Photo Archives photographiques.

149. MANTEGNA, *La Sagesse victorieuse des Vices*, 1497. Musée du Louvre, Paris. Photo © Giraudon.

150. DEGAS, *Scène de ballet*, 1896-1898. National Gallery of Scotland, Édimbourg.

151. DEGAS, *Scène de ballet* (détail), 1896-1898. Cf. figure 150.

152. DEGAS, *Scène de ballet* (détail), 1896-1898. Cf. figure 150.

153. DEGAS, *Autoportrait*, 1857. Eau-forte. Bibliothèque nationale de France, Paris. Photo © B.N.F.

154. DEGAS, *La fête de la patronne*, vers 1878-1880. Gravure de Maurice Potin, d'après monotype original de Degas. Illustration pour *La maison Tellier*, de Guy de Maupassant. Ambroise Vollard, éditeur, 1934. Bibliothèque littéraire J. Doucet, Paris. Photo © Josse-Lalance.

155. DEGAS, *Scène de coulisses* (détail), vers 1888-1890. Gravure de Maurice Potin, d'après monotype de Degas. Illustration pour *La famille Cardinal* de Ludovic Halévy, Auguste Blaisot, éditeur, 1938. Bibliothèque littéraire J. Doucet, Paris. Photo © Josse-Lalance.

156. DEGAS, *Portrait de Léon Bonnat* (détail), vers 1863. Musée Bonnat, Bayonne. Photo © Giraudon.

157. DEGAS dans le jardin de Bartholomé, rue Raffet, 1915. Bibliothèque nationale de France, Paris. Photo © B.N.F.

158. DEGAS boulevard de Clichy, 1914. D'après le film de Sacha Guitry *Ceux de chez nous*. Bibliothèque nationale de France, Paris. Photo © B.N.F.

Aubin Imprimeur
LIGUGÉ, POITIERS

Composé par Nord-Compo

Achevé d'imprimer en mai 1998
N° d'impression L 56078
Dépôt légal mai 1998
ISBN 2-07-040489-7
Imprimé en France

85275